红色广东丛书

张太雷

丁言模 著

SPM
南方出版传媒
广东人民出版社
·广州·

图书在版编目（CIP）数据

张太雷/丁言模著. —广州：广东人民出版社，2021.6
（红色广东·广东工农运动领袖）
ISBN 978-7-218-14557-0

Ⅰ.①张…　Ⅱ.①丁…　Ⅲ.①张太雷（1899—1927）–传记
Ⅳ.①K827=6

中国版本图书馆CIP数据核字（2020）第209559号

ZHANG　TAILEI

张太雷　　丁言模　著

出　版　人：肖风华

责任编辑：夏素玲　谢　尚
责任技编：吴彦斌　周星奎
封面设计：河马设计　李卓琪
排版制作：邦　邦

出版发行：广东人民出版社
地　　址：广州市海珠区新港西路204号2号楼（邮政编码：510300）
电　　话：（020）85716809（总编室）
传　　真：（020）85716872
网　　址：http://www.gdpph.com
印　　刷：广东鹏腾宇文化创新有限公司
开　　本：787mm×1092mm　1/16
印　　张：11.25　　字　数：108千
版　　次：2021年6月第1版
印　　次：2021年6月第1次印刷
定　　价：38.00元

如发现印装质量问题，影响阅读，请与出版社（020-85716808）联系调换。
售书热线：（020）85716826

《红色广东丛书》编委会

主　编：陈建文

副主编：崔朝阳　李　斌　杨建伟　谭君铁

编　委：（以姓氏笔画为序）

总　序

　　百年征程波澜壮阔，百年大党风华正茂。习近平总书记在党史学习教育动员大会上指出："我们党的一百年，是矢志践行初心使命的一百年，是筚路蓝缕奠基立业的一百年，是创造辉煌开辟未来的一百年。"翻开风云激荡的百年党史，一代又一代中国共产党人，用鲜血和生命浸染了党旗国旗的鲜亮红色，书写了可歌可泣的历史篇章，铸就了彪炳史册的丰功伟绩。一百年来，党的红色薪火代代相传，革命精神历久弥坚，红色基因已深深根植于共产党人的血脉之中，成为我们党坚守初心、永葆本色的生命密码。

　　广东是一片红色的热土，不仅是近代民主革命的策源地，也是国内最早传播马克思主义、最早成立共产党早期组织的省份之一。在新民主主义革命的漫长历程中，广东党组织在中共中央的领导下，发动、组织和领导广东人民开展了一系列广泛而深远的革命斗争。1921年，广东党组织成立后，积极开展工人运动、青年运动，并点燃农民运动星火。第一、二、三次全国劳动大会连续在广州召开，全国工人运动的领导机关——中华全国总工会在广州诞生。中国社会主义青年团第一次全国代表大会在广州召开，促进了全国团组织的建立、发展。在"农民运动大王"彭湃领导下，农潮突起海陆丰影响全国。

1923年，中共中央机关一度迁至广州，中国共产党第三次全国代表大会在广州召开，推动形成了第一次国共合作，建立了国民革命联合战线，掀起了大革命的洪流。随后，在共产党人的建议下，黄埔军校在广州创办，周恩来等共产党人为军校的政治工作和政治教育作出了重要贡献，中国共产党也从黄埔军校开始探索从事军事活动。在共产党人的提议下，农民运动讲习所在广州开办，先后由彭湃、阮啸仙、毛泽东等共产党人主持，红色火种迅速播撒全国。1925年，广州和香港爆发省港大罢工，声援五卅运动，成为大革命高潮时期一个十分引人注目的重要斗争。1926年，在统一广东革命根据地后，国民革命军在广州誓师北伐，以共产党员为骨干的北伐先锋叶挺独立团所向披靡，铸就了铁军威名。在北伐战争胜利推进的同时，广东共产党组织和党领导的革命队伍迅速扩大和发展，全省工农群众运动也随之进入高潮。

1927年"四一二"反革命政变以后，广东共产党组织在全国较早打响反抗国民党反动派血腥屠杀的枪声，广州起义与南昌起义、秋收起义一起，成为中国共产党独立领导中国革命、创建人民军队的伟大开端。随后，广东党组织积极探索推进工农武装割据，在海陆丰建立第一个县级苏维埃政权，并率先开展土地革命，开启了中国共产党领导人民进行的最重大的社会变革。与此同时，广东中央苏区逐步创建和发展起来，为中国革命的发展作出了不可磨灭的贡献。1931年，连接上海中共中央机关与中央苏区的中央红色交通线开辟，交通线主干道穿越汕头、大埔，成功转移了一大批党的重要领导，传送了重要文件和物资，成为土地革命战争时期党的红色血脉。1934年，中央红军开始了举世瞩目的长征，广东是中央红军从中央苏区腹地实施战略转移后进入的第一个省份，中央红军在粤北转战21天，打开了继续前进的通道，成功走向最后的胜利。留守红军在赣粤边、闽粤边和琼崖地区进行了艰苦卓绝的游击战争，高举红旗永不倒。

抗战全面爆发后，中共中央和中共中央长江局、南方局十分重视和加强对广东党组织的领导，选派了张文彬等大批干部到广东工作。日军侵入广东以后，广东党组织奋起领导广东人民开展敌后抗日游击战争，成立了东江纵队、琼崖纵队、珠江纵队、广东人民抗日解放军、南路人民抗日解放军和韩江纵队等抗日武装，转战南粤辽阔大地，战斗足迹遍及70多个县市。华南敌后战场成为全国三大敌后抗日战场之一，党领导的广东人民抗日武装被誉为华南抗战的中流砥柱。香港沦陷以后，在中共中央的领导和周恩来等人的精心策划安排下，广东党组织冲破日军控制封锁，成功开展文化名人秘密大营救，将800多名被困香港的文化名人、爱国民主人士及家眷、国际友人等平安护送到大后方，书写了抗战史上的光辉一页。

解放战争时期，在中共中央的领导下，华南地区大力开展武装斗争，开辟出以广东为中心的七大块游击根据地，成立了中国人民解放军琼崖纵队、粤赣湘边纵队、闽粤赣边纵队、桂滇黔边纵队、粤中纵队、粤桂边纵队和粤桂湘边纵队等人民武装，其中仅广东武装部队就达到8万多人，相继解放了广东大部分农村，在全省1/3地区建立起人民政权，为广东和华南的解放创造了有利条件。在广东党组织的配合下，人民解放军南下大军发起解放广东之役，胜利的旗帜很快插遍祖国南疆。

革命烽火路，红星照南粤。广东见证了中国共产党从新生到大革命、土地革命，再到抗日战争、解放战争等革命斗争全过程。其间，毛泽东、周恩来、刘少奇、朱德、邓小平、叶剑英、彭德怀、刘伯承、贺龙、陈毅、聂荣臻、徐向前、李富春、粟裕、陈赓等老一辈革命家和李大钊、蔡和森、瞿秋白、陈延年、彭湃、叶挺、杨殷、邓发、张太雷、苏兆征、杨匏安、罗登贤、邓中夏、恽代英、萧楚女、阮啸仙、张文彬、左权、刘志丹、赵尚志等一大批革命先烈都在广东战斗过，千千万万广东优秀儿女也在革命斗争中抛头颅、洒热血，留下了光照千秋的革命历史和革命精神。广东这片红色热土，老区苏区遍布全省，大大小小的革命遗址分布各地，留下了宝贵而丰厚的红色文化历史遗产。

习近平总书记强调，中国革命历史是最好的营养剂。重温这部伟大历史能够受到党的初心使命、性质宗旨、理想信念的生动教育，必须铭记光辉历史、传承红色基因。我们有责任把党领导广东人民进行革命斗争的光辉历史和伟大功绩研究深、挖掘透、展示好，全面呈现广东红色文化历史，更好地以史铸魂、教育后人，让全省人民在缅怀英烈、铭记历史中汲取砥砺奋进的强大力量，让人们深刻认识红色政权来之不易，新中国来之不易，中国特色社会主义来之不易，确保红色江山的旗帜永远高高飘扬。

为充分挖掘广东红色文化资源的丰富内涵，我们组织省内党史、党校、社科、高校等专家学者，集智聚力分批次编写《红色广东丛书》。丛书按照点面结合、时空结合、雅俗结合原则，分为总论、人物、事件、地区、教育五个版块。总论版块图书，主要综述中国共产党在广东的革命斗争历史概况，人物版块图书主要讴歌广东红色人物，事件版块图书主要论说党领导广东人民开展革命斗争的历史事件，地区版块图书从地市和历史专题角度梳理广东地域红色文化，教育版块图书着力打造面向青少年及党员的红色主题教材。丛书以相关的文物、文献、档案、史料为依据，对近些年来广东红色文化资源研究成果做了一次全面系统梳理，我们希望这套丛书能为党史学习教育、革命传统教育、爱国主义教育提供重要内容支撑。

一切向前走，都不能忘记走过的路，走得再远、走到再光辉的未来，也不能忘记走过的过去，不能忘记为什么出发。站在"两个一百年"的历史交汇点上，我们要更加坚定自觉地学史明理、学史增信、学史崇德、学史力行，赓续红色血脉，传承红色基因，以一往无前的奋斗姿态、风雨无阻的精神状态，推动广东在全面建设社会主义现代化国家新征程中走在全国前列、创造新的辉煌。

《红色广东丛书》编委会

2021年6月

目　录

张太雷（1898—1927），中国无产阶级革命家，中国共产党早期重要领导人之一，中国共产主义青年团创始人之一和青年运动早期卓越领导人，广州起义主要领导人。

1921年12月10日，马林和张太雷登上"岳阳号"轮船离沪，溯江而上，先去湖南，辗转南下，12月下旬抵达桂林，与孙中山会谈。1922年1月23日，他俩第一次出现在广州。珠江两岸的冬天并不寒冷，正值香港海员大罢工。

张太雷在参加共产国际三大时首次听到外文版的《国际歌》，如今与瞿秋白一起领唱，心潮澎湃，在中国的土地上终于唱起了中文版的《国际歌》。此后形成一个惯例，每次党的代表大会闭幕式都要唱《国际歌》。

张太雷、陈延年等人心急如焚，决定撰文正面回击谣言，张太雷写了《广东革命的危机仍在呵》一文，发表在《人民周刊》第6期上。

一石激起千层浪，张太雷反击一文引起社会各界反响，赞同者拍手称快，反对者破口大骂，犹豫者左顾右盼。

在广州国民政府正式成立一周年之际，张太雷分析了广东一年来奋斗的历程和取得显著成果的重要原因，反复强调巩固和扩大革命联合战线的重要性，"如果大家团结稍为松懈，敌人立刻就能打倒我们"。

张太雷立即召开广东省委会议，传达八七会议精神，大家都很激动，准备重新战斗。

"准备为广州苏维埃而战争！变军阀的战争为工农兵革命胜利的战争！用群众革命及苏维埃政权反对帝国主义军阀及资本家！"张太雷等人仿照俄国十月革命前夜的战斗口号，发出号召起义（暴动）宣言，随时准备公开亮出鲜红的战斗旗帜。

他，29岁，风华正茂，中国革命道路漫长，艰难曲折，还有许多新的挑战等着他去应对。车子在颠簸，他站起身，朝着枪声密集的前方，"向前去，迎接黎明……"

张太雷

　　张太雷（1898—1927），中国无产阶级革命家，中国共产党早期重要领导人之一，中国共产主义青年团创始人之一和青年运动早期卓越领导人，广州起义主要领导人。

　　原名曾让，族谱名孝曾，字泰来，学名张复，后改名太雷，江苏武进（今常州）人。早年就读于常州府中学堂，后毕业于北洋大学（今天津大学）法科。1920年10月，参加北京共产党早期组织；11月中旬，创建天津社会主义青年团，首任书记。1921年2月，奉命赴伊尔库茨克，任共产国际远东书记处中国科临时书记，以中国共产党早期组织代表身份参加在莫斯科召开的共产国际第三次代表大会；并被推选为中国社会主义青年团代表，参加青年共产国际第二次代表大会。1922年5月，在广州主持中国社会主义青年团第一次全国代表大会，当选团中央执委会委员。这期间担任共产国际驻华代表马林的翻译兼助手，并在1922年12月青年共产国际第三次代表大会上缺席当选执委会委员。1923年11月，参加"孙逸仙博士代表团"赴莫斯科，后留下参加青年共产国际执委会工作，兼任中国社会主义青年团驻青年共产国际代表。1924年8月回国，参加团中央局工作，编辑《向导》。1925年1月，在上海主持召开青年团第三次全国代表大会，当选团中央总书记。后任中共广东区委宣传部部长、湖北省委书记，兼任国民政府苏联顾问鲍罗廷的翻译兼助手。

先后参加中国共产党第二次至第五次全国代表大会，当选第四届中央执行委员会候补委员、第五届中央委员会委员。

1927年7月大革命失败后，为中共中央临时政治局五人常委会常委之一。在八七会议上，当选中共中央临时政治局候补委员，后任中共中央南方局委员（临时被推选为南方局书记）、广东省委书记。12月11日，领导广州起义，任苏维埃政府代理主席，兼任人民海陆军委员。12月12日，遭到敌人伏击，壮烈牺牲。

第一章

辗转南下广州

辗转南下广州

共产国际代表马林

马林体格强健，精力充沛，具有雄辩家的口才，有时声色俱厉，目光逼人。他打量着眼前刚从莫斯科赶回来的张太雷，有点不相信这位远东书记处中国科临时书记有多大的本事，中共方面竟然派他来做翻译兼助手。但合作了一段时间之后，马林不得不改变了态度，开始信任张太雷，也愿意听听他的意见。

1921年12月10日，马林和张太雷登上"岳阳号"轮船离

1922年香港海员罢工胜利后，部分海员工会工作人员和罢工海员在广州合影留念。

沪，溯江而上，先去湖南，辗转南下，12月下旬抵达桂林，与孙中山会谈。

1922年1月23日，他俩第一次出现在广州。珠江两岸的冬天并不寒冷，正值香港海员大罢工。

广州街上时常能看到罢工海员举着标语牌，成群结队地在城里游行，列队欢迎从香港来的罢工工人，带着他们到宿营地吃饭。

张太雷原来在有关报告里看到广州和香港工人运动的情况，认为香港有不少工会，并同汕头、福州、澳门等城市工人保持联系。现在亲眼看到这次海员大罢工，则是中国第一次工人运动高潮中一次重要的罢工斗争，由中华海员工业联合总会的苏兆征、林伟民等领导，到1月底，包括运输工人在内，罢工人数增至二三万人。

中国南方工人阶级蕴藏的强大力量，对马林和张太雷分别产生了不同的影响。马林过高地估计了国民党对香港罢工海员产生的影响，却不大赞扬共产党人发挥的作用。这个看法与陈炯明会谈后，马林更坚信这一点。张太雷有不同意见，不便当面提出。他知道广东社会主义青年团正在组建，刚组织起来的团员已经投入支援香港海员大罢工的斗争。张太雷回沪后向陈独秀作了汇报，陈独秀综合广州等地的报告，写给共产国际报告中特地指出："香港海员罢工时，全部党员及青年团团员参加招待及演讲，以共产党名义散传单3000份。"

　　这次南方之行，马林、张太雷还有一项重要任务，了解各地青年情况，协助各地建立团组织。显然这是他俩事先商量的结果，工作上互相支持，因为整顿和建立各地青年团的任务，主要是以张太雷为主。他俩在广州、海丰、汕头等地参加青年集会，向青年听众作了关于十月革命和共产党组织的报告，动员和激励青年们组织起来参加革命，并指导广东创建青年团的工作。他俩与时在当地活动的青年叶纫芳多次商谈青年运动等事，提出建立汕头青年团一事，叶纫芳答应了，还写信给负责重新组建广东青年团的谭平山，谈起此事。同时，广东团员冯菊坡和王寒烬作为代表参加远东大会，这一切有力地促进了广东建团工作的开展。马林、张太雷离开广东之后，谭平山等人在广州正式公开成立广东社会主义青年团。

　　3月7日，上海老北站出现了马林、张太雷的身影，原来海路走不通，只好改乘火车。近3个月的南方之行，舟车劳累，加之沿途工作很辛苦，他俩疲惫不堪。途中身体强壮的马林已生病了，一路上多亏张太雷的精心照顾，才勉强撑着到上海，经治疗三周后，马林的健康才有所好转。这一番折腾，使这两位异国革命者成为患难之交，马林在写给共产国际的报告中多次提及张太雷，给予很高的评价。他指出，关于中国知识分子的工作有一段时间完全中断，自张太雷参加共产国际三大回来之后，有计划地安排了对青年的宣传工作，"特别是在华南，对青年的共产主义宣传取得显著的成就"。

几个月后，张太雷与青年共产国际的代表达林再次抵达广州。广州城里弯弯曲曲的小巷子，忽左忽右，好不容易摸到一个小院子里，这里是广东团组织的所在地（今广州市高第街素波巷19号），墙上挂着近日的报纸、标语、工作计划和各活动时间表，团组织成员大都是学生，上个月正式重组成立，创办《青年周刊》。说起庆祝五一，气氛马上活跃起来，双方讨论了游行具体事项。

第二天，达林、张太雷等前去总统府，与孙中山会谈。总统府大院里到处是士兵，军官跑来跑去，发布命令。达林一行被带进一个大房间，几分钟后孙中山出现了，张太雷发现他比几个月前消瘦，穿着灰色上衣，脚下是漆皮鞋。尽管他与陈炯明的矛盾加剧，局势不容乐观，但是他还是从容不迫。

临近五一劳动节，广州城里热闹起来，出现许多各地代表，前来参加全国第一次劳动大会和中国社会主义青年团一大。陈独秀、张国焘等人也来了，召开会议，听取邓中夏、张太雷等人汇报筹办两大会议的情况，陈独秀作了总结。谈及孙中山与陈炯明之间矛盾时，曾参加同盟会的林伯渠表示支持孙中山，国共合作应以与孙中山合作为中心。陈独秀与孙中山、陈炯明都有不同程度的交往，深知其中复杂的情况，他主张先观察，再作决定；认为这次劳动大会避免卷入国民党内部斗争，力争各地工会不分党派，团结合作，形成一个全国性的工人组织。达林在会上发言时，谈了建立反帝民族统一战线的必要性，认为应该在与国民党合作的问题上达成协议，工人阶级应当支持孙中山。张太雷表示赞同达林的意见。

五一劳动节那天，张太雷陪同达林登临一幢大楼高处，俯视全城游行全貌。各个主要街道挤满了工人、学生游行队伍，许多人举着红旗，宛如红色巨流缓慢前进。青年团组织的队伍出现了，他们高举宣传旗帜，上书"共产国际万岁！""青年共产国际万岁！""苏俄万岁！"游行队伍分别汇集在市立第一公园（后改为中央公园，又改为人民公园）和东堤东园里。张太雷引着达林前去，青年团员正在公园门口散发宣言和传单，出售马克思、恩格斯等人的书籍。一名前来参加劳动大会的工人代表激动地发言："我们宣誓，我们将万众一心为工人阶级的利益与资产阶级进行斗争！"他咬破手指，以血书写"誓死斗争"。全场为之动容，高呼口号。前来参加全国第一次劳动大会的各地代表邓中夏、朱宝庭等十几人参加集会，陈独秀、张国焘和张太雷等分别作了演讲。

同时，广东机器工会（又名广州河南机器维修会，会址在今广州市滨江西路232号）大楼礼堂正在紧张布置，准备下午隆重召开全国第一次劳动大会。事先机器工会向孙中山请示，孙中山说："非本党主持，亦宜予以赞助。"

到会代表173人，代表广州、上海、北京、天津等地百余

全国第一次劳动大会旧址

工会，30多万工人。中国劳动组合书记部主任张国焘主持大会，陈独秀等人到会讲话，张太雷代表青年团致贺词，高度赞扬工人阶级在中国共产党和劳动组合书记部领导下，开展工人运动的成绩，特别是几个月前香港海员大罢工的胜利，极大地鼓舞全国工人运动，并表示青年团坚决支持工人阶级的斗争。

参加大会的代表来自广东、香港的占多数，也有张太雷比较熟悉的京奉铁路工会会长邓培、京汉铁路工会代表史文彬等。大会代表国民党员占优势，但接受共产党提出的"打倒帝国主义！""打倒封建军阀！"政治口号。大会委托中国劳动组合书记部为全国工人组织的总通讯机关，负责召集全国第二次劳动大会，这标志着共产党在全国工人运动中开始获得领导地位，推动全国工人运动的深入发展。

劳动大会开幕的那天傍晚，张太雷和施存统、邓中夏等15人召开青年团一大筹备会议，推选张太雷、蔡和森、俞秀松等为大会总务委员会委员。第二天上午，大会总务委员会开会，成立三个股。张太雷分在第一股，负责起草青年团章程。会议决定总务委员会办事处设在广州东南旅店览胜所，那里也是张太雷的住处，成为大会筹备处的中心，各种事务都汇集在这里。张太雷在大会报到花名册上署名"张椿年"，其中"椿"字，与"张春木""春木"等化名有关。

5月5日下午1时，大会主席张太雷主持青年团一大开幕

张太雷主持团一大并致开幕词（油画）

式，致开幕词，作了关于青年团纲领、章程的报告。陈独秀发表题为《马克思主义两大精神》的演讲，指出社会主义青年团是根据马克思学说而成立的。

达林受青年共产国际委托，在大会上讲话，传达了青年共产国际执委会对大会的祝贺，阐明了青年共产国际的性质和任务。大会一致同意中国社会主义青年团加入青年共产国际，成为它的一个支部。

来自各地团的组织代表叶绂芳、易礼容、王寒烬等依次演说。会上还宣读了由高丽共产党临时中央局的代表等联名给大会的祝词。下午5时，三呼"社会革命万岁"而闭会。

这一天正是马克思诞辰纪念日，选择此日召开青年团一大具有重要意义。

5月6日至8日，每天下午（2时—5时）、晚上（7时—10时），与会代表讨论各项议案。大家都是年轻人，思维敏捷，

张太雷（张椿年）在团一大开幕式上的发言记录稿（部分）

往往为了一个问题展开激烈争论，互不相让。为此，张太雷等人事前作出发言规定：各地代表讨论一个问题的发言不得超过两次，第一次15分钟，第二次只给5分钟。讨论的议案外如有提案，提案者发言只有10分钟，反对者也给予同样时间。如果提议时无附议者，则不予讨论。显然，这是张太雷等人从莫斯科带回来的开会经验，他还强调会议主席有维持会场的权利。

10日晚上，大会通过青年团纲领、章程等各项决议，选出青年团第一届中央执行委员会，高君宇、方国昌（施存统）、张太雷（张椿年）、蔡和森、俞秀松当选为执委会委员，林育南、张秋人、冯菊坡3人为候补委员。

张太雷终于松了一口气，基本完成了去年青年共产国际二大委托的任务：整顿、发展中国社会主义青年团，初步实现了思想上、组织上的统一，逐渐成为全国青年的核心力量。在今后艰苦卓绝的斗争中，还将经受更为严峻的考验。

青年共产国际高度评价了张太雷等人成功召开的青年团一大，指出这次大会标志着中国社会主义青年团已经是"一个巩固的、思想方面一致的组织""由于它做了实际工作，它进行了一系列群众运动，在组织上巩固了团并加强了对广大劳动青年群众的影响"。几个月后，召开的中共二大也给予充分肯定，认为青年团一大所采取的纲领和一切决议案都是根据实际革命需要而作出的重要结论，使得青年运动

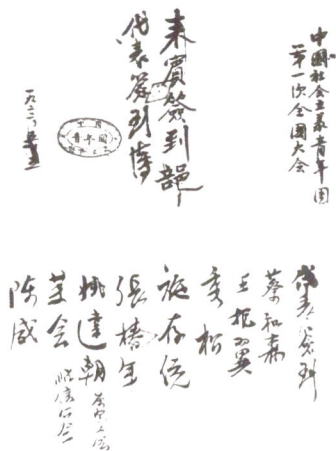

左图为团一大旧址，右图为团一大代表张太雷（张椿年）等签到名册。

成为中国共产主义运动的重要组成部分。

团一大旧址为广州东园，位于广州越秀南东园横路1号。东园始建于清末，占地2.5万平方米，分前后两部分。前半部分建有正南向大门，有一座高约8米的石桥式砖木结构门楼，横楣上有广东水师提督李准手书"东园"二字。这里后为省港大罢工指挥部。1926年11月，帝国主义者收买反动分子纵火焚烧了东园，仅存一座木楼和"红楼"前的一棵大树。改革开放后，"红楼"在原址上重建，建立省港大罢工委员会纪念馆，成为革命传统教育的基地。

第二章

中共三大首次唱起
《国际歌》

瞿秋白

　　1921年5月，张太雷第一次作为中国共产党早期组织代表参加共产国际三大之前，在莫斯科忙于各项筹备工作，并介绍瞿秋白加入中国共产党。瞿秋白协助张太雷翻译、起草中国共产党早期组织第一次递交给共产国际的报告。

　　1923年4月下旬，张太雷离沪来广州，参加《向导》编辑工作，接连发表多文。他与瞿秋白在编辑刊物方面有很多话题，而且今广州市在国共合作诸多问题上，都倾向于马林的观点。

广州东山春园

中共三大首次唱起《国际歌》

广州东山春园（今广州市新河浦路22—26号）成为新迁移过来的中共中央机构驻地，下面两层由陈独秀、李大钊、蔡和森、毛泽东等人居住。马林住在三楼，布置得很漂亮，桌上摆放着几支漂亮的鹅毛笔，有点像共产国际大使的气概，张太雷和瞿秋白作为他的助手住在同一层。

马林带来一部英文打字机，用它来起草大会宣言和共产国际四大决议案。张太雷将此翻译成中文，瞿秋白协助修改，定稿后再由张太雷翻译成俄文。他俩又把共产国际有关决议翻译成中文，印发给大会代表讨论。

邻近春园的恤孤院后街31号（广州市新河浦路24号）一幢两间两层楼房（后被毁），被临时租下，楼下南边一间作为中共三大会场，会议室中间摆放着一张西式长桌子，西边放

中共三大旧址（现广州市恤孤路3号）

着一列长凳，前后两端是小方凳；北边一间作厨房和饭厅。楼上两间是宿舍，有八九张木板床，晚上点起煤油灯，住着部分大会代表。

6月12日早上，张太雷和瞿秋白作为归国代表穿着西装，与马林同去会场，陈独秀、李大钊、蔡和森、张国焘、毛泽东等约40人先后落座。中共三大正式召开，但没有开幕式，陈独秀主持会议，代表中央作工作报告，着重谈了中共二大以来的革命形势和党的发展情况。这次会议的中心议题是根据共产国际决议，讨论加入国民党的问题，引发激烈争论。

张国焘等人受到维经斯基的影响，要求建立一个"独立的工人政党，由它来领导革命"；并且反对全体共产党员加入国民党，尤其反对在劳动群众中发展国民党的组织，认为这样会取消共产党的独立性，把工人运动送给国民党。这种主

中共三大会场场景再现

中共三大首次唱起《国际歌》

张遭到马林、陈独秀等人的反对，他们以共产国际决议指示为依据，强调民主革命是党目前的中心任务，不能忽视国民党和资产阶级的革命性，主张汇合一切革命力量。但是，他们流露出一个错误倾向，全体共产党员和产业工人加入国民党后，凡是国民革命的工作，都应当归于国民党，即"一切工作归国民党"。

李大钊、邓中夏、毛泽东等人在会议上分别发表看法，张太雷发言很激烈，以共产国际精神为依据，坚决主张国共合作。瞿秋白则一口气谈了16条意见，认为"如果我们等国民党发展以后再参加进去，这是不合理的。假如我们希望壮大力量，假如我们有明确的目标，我们会有充分的机会在国民运动中壮大自己，走俄国十月革命的路"。他的发言具有鲜明的辩证发展思维，为张太雷等人的发言作了重要补充。张太雷把话翻译过去，马林点头称是。

会议期间，马林的精力旺盛，深夜里还在英文打字机前工作，整理一天的会议记录。张太雷和瞿秋白同样熬夜翻译和整理，还分别承担起草和修改大会的有关决议。

中共三大正式开幕前，中央举行了两天预备会议，分工起草各项决议案，张太雷、刘仁静共同起草了青年运动决议。张太雷作为团中央代表参加这次会议，他曾参加共产国际三大、青年共产国际二大；刘仁静是列席代表，不久前赴莫斯科参加共产国际四大，同时参加青年共产国际三大，他俩恰好有个"延续性"。

第三次大会认青年运动为本党重要工作之一，所以对于社会主义青年团应极力加以组织上指导上之援助。

社会主义青年团应以组织及教育青年工人为其重要工作，在出版物上应注意于一般青年实际生活状况及其要求。

社会主义青年团对于青年学生应从普通的文化宣传进而为主义的宣传，应从一般的学生运动引导青年学生到反对军阀反对帝国主义的国民运动。

社会主义青年团应开始从事于农民运动的宣传及调查。

社会主义青年团应根据本党第三次大会关于国民运动与国民党之议决案极力参加国民运动。

这份青年运动决议仅几百个字，但是包含了丰富的内容。首先强调团组织的工作特点，面向广大青年工人、农民、学生，这曾是团中央张太雷等人开会讨论的重要内容，要把党、团工作分开，团组织的工作必须有自己的特点，不能重复党的工作。其次，明确表明青年团应根据党的决议，赞同国共合作，积极参加反帝反封建的国民运动。

5月底，青年共产国际执委会写信给中国社会主义青年团中央，强调指出：青年团的基本政治路线是在中国进行反帝民族民主革命，这一点决定了同国民党的相互关系。这意味着青年团必须支持国共合作，鼓动广大青年积极参加国民革命；因中国是个小农国家，没有农民参加国民革命，是不可能胜利的；"我们青年团的任务是在每一个学生组织中建立我们的团组（织），并在学生会的一切机构中占据领导地位"。张太雷等人并未及时看到青年共产国际这封指示信，但是，张太雷、刘仁静起草的青年运动决议已经初步包含了指示信的一些重要内容。

中共三大期间，马林经常就具体问题询问张太雷和瞿秋白："请告诉我，我应该怎样阐述共产国际提纲（即1923年1月《关于中国共产党与国民党国的关系问题的决议》——引者）中的观点？我是否需要对中国形势做一番分析，并将与其他东方国家加以对比？"瞿秋白想了想说："不用这个办法，必须很具体。一些同志倾向于尽可能疏远国民党，必须看到支配他们思想的细微论据。"

最后，会议决定接受共产国际有关决议，通过《关于国民运动及国民党问题的议决案》等文件，选举产生新的中央执委会，陈独秀继任委员长。

会议代表特地去广州白云山南麓黄花岗烈士墓（今广州市先烈路中路79号），缅怀1911年4月27日孙中山领导的同盟会举行广州武装起义中牺牲的众多烈士，这里葬有死难者遗骸72具。辛亥革命的第二年，孙中山亲自主持烈士墓祭典，写下祭文，并种植4棵松树。1918年由华侨捐资建立纪功坊、墓亭，并立碑石，孙中山手书"浩气长存"四字镌于墓坊。此时共产党代表聚集在烈士墓前，沉痛吊唁先烈，继承为信

黄花岗七十二烈士墓

仰献身的精神。

"起来，受了污辱咒骂的！起来，天下饥寒的奴隶……"瞿秋白、张太雷挥舞手臂，指挥大家唱《国际歌》。瞿秋白回国后首次将歌词翻译成中文并配上乐谱，刊登在他主编的《新青年》季刊创刊号上。张太雷在参加共产国际三大时首次听到外文版的《国际歌》，如今与瞿秋白一起领唱，心潮澎湃，在中国的土地上终于唱起了中文版的《国际歌》。此后形成一个惯例，每次党的代表大会闭幕式都要唱《国际歌》。

中共三大决定实行国共合作、共同进行国民革命，马林作为共产国际代表完成了预期的任务。关于如何认识资产阶级和农民，如何处理无产阶级同资产阶级、同农民的关系等一系列的课题，摆到中国共产党人面前。对此，党内许多人进行了有益的探讨。张太雷、瞿秋白作为马林的年轻助手兼翻译作出重要贡献，他俩的才华进一步得到马林的赏识。事前（6月初），马林发给苏俄政府驻北京（代理）全权代表达夫谦一封电报，高度评价张太雷，认为他很能干、可靠，值得信任，并让他参与罗斯塔社（后改名为塔斯社）驻广州的机密工作，"开始让他回复电文"；月薪丰厚，每月200元，交通和资料费50元。但是，此事遭到达夫谦的拒绝。

马林原来想担任苏俄派驻广州领事或越飞的助手，但是他作为非俄国人不可能担任这样的外交职务，莫斯科只想给他一个罗斯塔社驻广州代表的职务。马林权衡利弊，加之其他原因，最后决定结束自己的中国使命。临行前，他整理了所有机要文件，委托张太雷随身携带送去北京。

马林三次来华，与国共两党要人经常打交道，相互之间已经产生了感情，特别是对于翻译兼助手张太雷。他怀着复杂的心情，告别了曾朝夕相处的张太雷等人，告别了曾为之奋斗的中国。他的名字永远记载在中国现代革命史上。

第三章

广州鲍公馆

鲍罗廷

　　1925年5月6日，中共中央和共青团中央召开联席会议，决定免去张太雷的团中央总书记职务，赴广州担任鲍罗廷的翻译兼助手，接替瞿秋白原来的工作。在中国共青团历史上，张太雷既是青年团创始人之一，又是团中央早期重要领导人，发挥了创建、开拓、整顿和发展的极为重要作用。但是，后人则忽略了他与恽代英、任弼时等人的密切合作，以及他两次在关键时刻整顿团组织的重要贡献。

在来广州之前，张太雷听了瞿秋白的介绍，就知道了鲍罗廷的大名。

米哈伊尔·马尔科维奇·鲍罗廷（1884—1951），是一位著名的国际革命运动活动家，1923年8月至1927年8月，他在中国广州、汉口等地度过4年，也是他的政治生涯中最引人注目的岁月。

鲍罗廷是斯大林指派来华的特殊使者，被任命为孙中山的政治顾问，他的职责和任务都有明确规定。鲍罗廷的来华使命，除了按照俄共（布）组织模式帮助国民党改组，正式建立国共合作关系之外，还要指导国民党的具体工作，参与制定中国革命的重大决策，提出建立一个新型国民政府的设计方案。

广州鲍公馆成为俄共（布）在中国南端的指挥中心，接受北京加拉罕的领导，也与莫斯科保持联系，是国共两党、莫斯科三方之间的政治枢纽。国共两党要人经常来鲍公馆，一般不久留，谈话后立即离开，从早到晚络绎有人进出。张太雷翻译工作的强度很大。

张太雷初次与鲍罗廷面对面交谈时，发觉鲍罗廷的英语很流利，带有美国中部的口音，仪态举止是欧洲式的，这与他在美国的多年生活经历有关。

张太雷来过广州多次，比较熟悉这个城市。鲍公馆位于城大东门外的大东路31号处，东较场的东北面。东较场历史悠久，明朝时建为演武厅，为军事训练场所，后改建演武亭，

广州鲍公馆

亭前竖起一座牌坊，上书"演武"二字。清朝康熙年间修复，改建为东较场，作为骑兵训练场地，兼作检阅将士和选拔武举之地（新中国成立后，东较场改建为广东省体育馆，鲍公馆被拆除）。

鲍公馆恰好在大东路、东川马路和东沙马路所构成的丁字路口，交通很方便。大东路对面是广东省议会的圆形建筑物（今广州市大东路30号），四周有围墙，这里原是清末广东咨议局（国民党中央党部），孙中山曾在此宣誓就任中华民国政府非常大总统，国民党中央执委会也曾设在这里。鲍罗廷的秘书阿基莫娃经常从鲍公馆过马路来取各种文件。

推开鲍公馆后窗可以看见东较场的一大片场地，那里经常举行各种集会、检阅仪式，偶尔举行军事演习，也是处决犯人的刑场。每当这里召开群众集会时，清晨起就响起鼓声，各路游行队伍从四面八方向鲍公馆后面的东较场走来，每支队伍前面都抬着鼓，举着旗帜，千万双赤脚或穿着木屐发出"咔咔"声响。站在鲍公馆顶楼上可以看见整个广场和无数的旗帜、标语牌，场面非常壮观。

鲍公馆是一所新建成的两层洋房，平房顶，有凉台，鲍罗廷的办公室和一家人住在楼上，还有几间房供苏俄顾问暂住。楼下设有苏俄塔斯通讯社办事处，约有几十人，主持人为丹麦人，其余都是年轻的中国人。这是塔斯通讯社在东南亚以及整个远东地区的工作中心，每天要发塔斯通讯社的电讯，并采访和编发东南亚地区新闻。现代化通讯设备不仅为鲍罗廷及时了解国外动态提供了便利，也使得他与在北京的加拉罕保持"热线"联系，成为莫斯科在远东南端的"眼睛"。

鲍公馆基本工作人员名单中也有他的夫人鲍罗廷娜的名字，她是丈夫的主要助手，经常代他处理各种日常事务。"法伊娜，请同志们到凉台上去，请他们喝茶。"鲍罗廷叫着妻子的爱称，浓密的黑胡子间浮现出逗人的微笑。张太雷也享受过这种亲人般的待遇，还用英语亲切地叫着"弗列德""诺尔夫曼"，那是鲍罗廷两个调皮儿子的称呼。

张太雷住在鲍公馆里，负责楼下一个翻译室，其人员有李仲武、黄平、傅大庆、卜士奇等，这些人他大都熟悉。

翻译室的工作繁琐，张太雷根据鲍罗廷的要求，派专人到有关部门、团体取阅文件资料，其中包括国民党中央、省市党部，以及广州国民政府成立后的文官处、外交部、财政部等部门，还有全国总工会、省市工代会、省港罢工委员会等机构。如果中国局势有变动，那么取阅的范围更广。文件取回后，张太雷将各种文件分类，除了须请示之外，其余交给黄平等人翻译。张太雷还要翻阅几十种国内外报纸的摘要，整理归类。这些大量的第一手资料，为鲍罗廷提供了各方面的情况，以便掌握新动向，调整有关策略，进一步取得在中国事务上的权威性发言权。

张太雷和鲍罗廷的身材都比较高大，坐在一起交谈工作时，四十出头的鲍罗廷显然是个严格的长者，年富力强的张太雷甘当学生。鲍罗廷经瞿秋白介绍，得知张太雷的许多情况，接触多了，与张太雷之间也建立起互相信任的感情。遇到有关中国方面的难题时，鲍罗廷也会询问张太雷，希望从他那里得到类似瞿秋白那样的回答。

张太雷的亲和形象很快就博得鲍公馆苏俄工作人员的好评，鲍罗廷的秘书阿基莫娃描写道："张太雷年轻，身材硕长，头发向后背着，聪颖而坚定的眼神，大胆、率直地望着对谈者的眼睛。他常常开心地微笑着，露出洁白的牙齿。他的生活和穿着都十分俭朴，常穿着浅灰色的中国长衫。"

在鲍公馆里，张太雷还意外地与老朋友阮爱国——越共创始人胡志明重逢。

胡志明留法勤工俭学时，初次结识周恩来、萧三、李富春等人，对中国逐渐产生浓厚兴趣。1923年6月，他来到世界革命的中心莫斯科，参加农民国际会议，被选为执委会委员，并就读东方大学。张太雷第二次赴莫斯科工作期间，与胡志明相识，两人建立了深厚友谊，曾共同参加列宁葬礼和一些活动。胡志明主编《中国和中国青年》一书时，张太雷提供了许多有关材料和文件，此书最初为法文版，后在莫斯科出版了俄文译本。1924年初，胡志明发表以中国为题材的《中国农民的景况》，也是张太雷等人为其提供了有关材料。张太雷曾撰写《中国的农民及其革命运动》一文，发表于莫斯科出版的《农民国际》第2期，这与胡志明的热情推荐有关。

广州鲍公馆

现存有一张珍贵合影：张太雷与胡志明、片山潜（日共领导人），珍藏于中国革命历史博物馆。这三个亚洲国家的共产党早期重要人物不约而同地聚集在共产国际的旗帜下，交谈共同关心的东方民族和殖民地问题，互相支持，互相帮助，携手登上国际政治大舞台，同唱《国际歌》。

恰巧，胡志明也来到广州，住在鲍公馆里，与张太雷是邻居。他30多岁，瘦长脸，瘦弱的身材好像难以撑起那套白夏布西装，双目炯炯有神。他能说法语、英语，懂俄语，会说普通话，带着广东口音。他化名为李瑞、王山而（即"瑞"字拆开），苏俄工作人员戏称他为"黎安南"。他观察敏锐，好学不倦，对人谦和，对于自己过去和现在从事的工作却缄口不谈。表面上他是鲍公馆翻译室的一员，其实他的主要任务是同越南革命者联系，从政治上、思想上、组织上为成立

张太雷在苏联与胡志明（左）、片山潜（右）合影。

越南青年政治训练班旧址

广州鲍公馆

越南工人阶级的新型政党而努力工作。他还担负着共产国际的使命，是驻远东的一位特殊代表。他经常埋头坐在外文打字机前打字写作，撰写了不少关于中国问题的文章，寄到莫斯科，在共产国际的刊物上发表。

广州文明路13号和13号之一（今广州市文明路248、250号）两间相连的三层楼房，楼下是居民住家，楼上是越南青年革命同志会总部，是越南革命海外基地的指挥机关。1925年下半年起，胡志明在这里主持特别政治训练班，专门培训越南革命人士，共办了三期（第三期移至附近东皋大道的仁兴街5号），每期三四个月，对干部进行思想和道德教育，成为越南建立工人阶级先进组织的先决条件。

胡志明还邀请张太雷、陈延年、周恩来、李富春、彭湃等人前去授课，训练班的越南学员陈富、阮良朋、黄文欢、范文同等，后来都成为越南党政要人。其中一些人撰写文章或发表谈话，回忆大革命时期在广州的日子，生动地反映了当时中越革命者之间的亲密关系。

张太雷很忙，早上要随同鲍罗廷外出，参加会议，会见国民党军政要人。晚上，张太雷整理笔记，翻译文件，摘要各方消息；同时参与广东区委的工作，与中共中央陈独秀等人保持联系。张太雷在鲍公馆里是一个特殊人物，各方情况和新动向都汇集到他这里，因此他对于各种事物的分析和判断都有一种前瞻性。

张太雷这次来广州，直至1926年底才离开，亲身经历和

鲍罗廷（左）在黄埔军校演讲时张太雷（右）当翻译

见证了中国南方的大革命高潮，以及"中山舰事件"等扑朔迷离的政治局势。

第四章

见证省港大罢工决策的制定

1925年5月30日，上海租界发生震惊中外的五卅惨案。"打倒帝国主义！""废除不平等条约！"怒吼声响彻黄浦江畔，立即传遍全国，掀起一场轰轰烈烈的爱国反帝五卅运动，标志着中华民族的新觉醒，迎来大革命高潮。

中共广东区委立即召开党、团大会，决定发动香港、广东人民起来声援。6月19日省港大罢工爆发，先后参加大罢工的广州、香港两地工人20万，直至次年秋天。这次罢工由中共广东区委和中华全国总工会直接领导，7月1日成立的广州国民政府给予了各方面的支持。鲍罗廷和张太雷的工作也进入"省港大罢工"时期。

省港大罢工使大量复杂尖锐的现实问题显露出来，大大增加了鲍罗廷的工作难度，迫使他花费大量精力去处理。这时鲍罗廷在广州国民政府和苏俄驻粤代表团中的指导地位和特殊权力非同寻常，况且参加了中共中央派出机构广州临时委员会（简称"临委"，一说广东临时委员会）工作，其余成员谭平山（中央执委会委员）、陈延年（广东区委书记）、周恩来（广东区委常委兼军委书记）、罗亦农（广东区委宣传部长），代表中央局就近指导广东一切实际工作。有关政治问

省港罢工期间举行的一次群众集会

题，在非常紧急而来不及取得中央局同意时，"临委"可以作主张，但不能与中共中央的根本政策相违背。"临委"存在的时间并不长，不过掌握苏俄援助的鲍罗廷所起的作用和地位日益突出。

张太雷作为他的翻译兼助手，也参与"临委"和广东区委的宣传工作，见证了省港大罢工等重要决策的制定和问题的处理。

张太雷和同龄的陈延年在莫斯科东方大学早已相识。陈延年是陈独秀的长子，1924年秋天父子俩在上海重逢时，却根本不谈家里事，而是直接谈工作。张太雷参加团中央会议，接受陈独秀的意见，派遣陈延年作为团中央特派员到广州，主持广东团区委改组工作。为了在工人中发展党的力量，组织手车夫工会，陈延年脱下西装，穿上短袖裤，拉起黄包车，还学会几句惯用的广州话，与手车夫打成一片。

这时省港大罢工的最后决策提到议事日程上，张太雷亲身感受到陈延年等对这次罢工策划之周密，重要决策都是在鲍公馆里进行的，具体行动则分派人去执行。

省港大罢工后，黄色工会头目经常借故无理取闹，挑动不明真相的工人制造事端。鲍罗廷听取陈延年、邓中夏、黄平等人的汇报后，建议再组织一个罢工工人代表大会，使工人明了真相。这个建议立即得到落实，罢工工人代表大会成为最高议事机构，有关罢工事项都要经过代表大会，包括罢工委员会的决定、负责人的任职和罢工的财务状况等决议，并将此刊登在罢工委员会办的《工人之路（特号）》刊物上。苏兆征称之为"我工人掌握政权之初步学习"。

省港罢工委员会为最高执行机构，7月3日在广州东园成立，苏兆征为委员长，李森担任罢工委员会干事局局长，还聘请廖仲恺、汪精卫、邓中夏、黄平等为顾问，鲍罗廷虽不挂名，也起着重要作用。省港罢工委员会的许多文件和决议，张太雷也参与商量和起草，还应邀为罢工工人演讲。中共广东区委在罢工委员会中建立党团组织，邓中夏任党团书记。两天后，罢工委员会成立工人纠察队，邓中夏为训育长，徐成章为总教练。

邓中夏出现在鲍公馆时，张太雷发觉他还会说广东话，和他原来学的北京话、上海话一样，时而夹着湖南家乡的口

省港罢工委员会出版的机关刊物——《工人之路（特号）》

音。邓中夏曾是团中央主要负责人，提出团组织建设的重要意见，如党、团保持一致和团组织保持独立、注重青年工人运动等，后来被张太雷等人正式写进有关青年团的决议里。邓中夏长期担任中国劳动组合书记部要职，负责领导北方工人运动，他写的《长辛店旅行一日记》，首次出现自己与张太雷等人的记述和活动。他到南粤作为省港罢工的重要领导者之一、中华全国总工会宣传部长，持续撰写许多文章，对工人运动、青年运动、农民运动和士兵运动等方面的重要问题提出了不少精辟见解，可以与张太雷这时期的文章观点互为呼应，互为补充。

每周的几个晚上，邓中夏、陈延年、苏兆征、黄平等围坐着，先后汇报近日省港罢工发生的事情，提出自己的看法。张太雷很快翻译过去，鲍罗廷很严肃，注意听取后，稍作停顿，谈了处理意见。细心的黄平发觉张太雷有时翻译跟不上，心里明白几分——那是他白天工作高强度，加之南粤酷热的天气，出汗太多，晚上不免头昏脑胀。经鲍罗廷同意，黄平承担翻译。这样的会议是非正式的，没有记录，也没有主持者，话题围绕省港罢工，不谈其他党务等事，大家畅所欲言，留下许多温馨的回忆。

省港罢工委员会最初提出"持续的向一切帝国主义进攻"的口号，实行全面封锁香港的策略，然而也封锁了"我们自己"，造成被动局面。鲍罗廷与邓中夏、陈延年、苏兆征等商量后，提出"单独对英"的策略，旨在分化敌对力量，集中打击英帝国主义。同时鲍罗廷与广州国民政府达成一致意见，由罢工委员会和国民政府商务厅、公安厅、外交部共同签发"特许证"（后改为罢工委员会直接签发），规定"凡不是英国货物英国船及经过香港者，可准许其直来广州"。广州国民政府提出相应的《对日美法等国轮船店主户条例》，加强"工商联合""工商携手"，以便旅港华商与广州商会之间沟通来往，互相商谈解决罢工条件等问题，施行灵活多变的策略。省港罢工掀开了第一次国共合作史上光辉的一页，而廖仲恺也起到重要的作用。

张太雷以前陪同马林与孙中山会谈时，廖仲恺也在场，知道廖仲恺坚决支持孙中山"联俄、联共、扶助农工"三大政策。来到广州后，张太雷作为鲍罗廷的翻译，多次与廖仲恺等人会谈。特别是鲍罗廷一直担忧财政统一的棘手问题，廖仲恺毅然承担起这个艰巨的重任。广州国民政府成立后，廖仲恺担任财政部长和省财政厅长不到两个月里，发出关于整理与统一财政的命令、布告、函电等70多篇，矛头直指占有防地税收的许崇智及其部下魏邦平、梁鸿楷等人的私欲利益，还要取消右派政客朱卓文、胡毅生包揽捐务、沙田而牟取暴利的特权，这些反动军人和右派政客后来成为参与暗杀廖仲恺的主谋者。当初在省港大罢工的重大问题上，广州国民政府不少要人反对，甚至要求鲍罗廷出面制止。廖仲恺则赞同，并高度赞扬罢工工人，以各种财政措施支持省港罢工，解决燃眉之急。香港当局对此恨之入骨，把廖仲恺当作眼中钉。

8月19日，苏兆征发表《香港总督撤任了》一文，指出这正是遭到省港罢工沉重打击的一个例证。不料第二天，廖仲恺被刺杀，引起一片惊愕，中共广东区委和团区委联合发表宣言，动员各界群众几万人召开追悼会。张太雷怒不可遏地谴责香港当局危害国民党领袖，企图推翻广州国民政府。指出廖仲恺先生被杀，罢工的精神反而因此提高；企图叛乱的军人被肃清，反而提高了国民政府的地位。

鲍罗廷震惊之余，预感到廖仲恺的牺牲——一面左派旗帜倒下了——将带来严重后果。果然，"廖案"直接加速了国民党内部的分裂，构成了各派政治力量的多元新格局，鲍罗廷也开始与汪精卫和蒋介石进行新的合作。但是，谁都没有料到鲍罗廷提携的蒋介石从此登上了广州政治舞台。蒋介石抓住一切可以利用的机会，摇身变为"以枪指挥党"的枭雄。

省港大罢工还在继续，广州革命的前景越发复杂，这引起了张太雷的思考，他密切关注着局势的发展。

广州各界群众送廖仲恺出殡

第五章

主编《人民周刊》

一九二六年二月七日出版
發行通信處 廣州國光書店黃正君轉

人民週刊

第 一 期

零售 每份四仙

人民週刊社出版

主编 《人民周刊》

　　张太雷出了鲍公馆，随后出现在文明路75号—81号（现为194号—200号）。这是一个典型的骑楼——广州传统建筑，四幢三层淡灰色楼房连成一片，砖木结构，坐南朝北，内部有门相通。底层是临街的一排草药店、鞋店和小食店，叫卖声不断。张太雷警惕地看看四周，推开不起眼的小门，沿着昏暗狭窄的木楼梯，登上二楼、三楼，这便是中共广东区委和团区委办公处。

　　陈延年接手中共广东区委工作之后，把机关由万福路一间狭窄的房子秘密迁移到此处，对外使用"管东渠"作为中共广东区委的代号。民族解放协会以及中华全国总工会筹备处初期也在二楼办公，于是门前曾挂这两单位的牌子作掩护。陈延年的办公室在三楼西北角，北面两个窗口下便是文明路，南面用板障与秘书处办公室隔开。东墙上挂有马克思、列宁画像，靠西边放着一张办公桌和三张旧藤椅。一张板床头堆放着许多书籍，陈延年若工作到深夜，便在此床上过夜。这里也是陈乔年、周恩来、张太雷、邓中夏等人经常开会讨论的场所。三楼还有一间宽敞的会议室，中间放着两张脱漆的餐桌，铺着咖啡色台布，周围放着一些大小不一的板凳和椅

中共广东区委旧址

子，墙壁上挂着中国地图和世界地图，南边门旁的小茶几上放着一部手摇电话机和陶质茶壶、茶杯。1927年广州"四一五清党"，这里被包围搜查，机关遭到破坏，被迫迁往香港。新中国成立后，此处辟为中共广东区委旧址纪念馆，列为广东省文物保护单位。

1925年秋天，罗亦农调走，原已参与广东区委（主席团）工作的张太雷主持广东区委宣传部工作。开会时，张太雷先后见到区委的其他领导人：组织部长穆青（秘书饶卫华，即饶君强）、工委书记冯菊坡（后为刘尔崧、黄平）、农委会书记阮啸仙（后为彭湃、罗绮园）、军委书记周恩来（后为熊雄）、妇委主任蔡畅（后为邓颖超、区梦觉）、区委秘书长赖玉润、监委书记林伟民（后为杨殷）等。区委领导机构逐步扩充，成为当时全党最健全的组织。其中有些人是莫斯科东方大学中国班学员，有些人则是张太雷南下广州整顿团组织时已相识，现在共同工作，互相配合，比较顺畅。经陈延年、张太雷等人的共同努力，广东党组织迅速发展，大批出类拔萃的人才先后被调来，有力地推动各项工作，广东率先成为国民革命的一面旗帜。

周恩来、邓颖超是当年天津五四运动的风云人物，张太雷早就认识他俩。1925年8月，邓颖超从天津南下到广州和周恩来结婚，住在文德楼（该楼位于区委机关西面附近的文德路上）。张太雷曾去那里作客，互相熟悉。

在简陋的区委办公处，张太雷与陈延年在这里接待了许多党内重要人物，度过无数的不眠之夜。陈延年不讲究衣着，夏天经常不穿袜子，唯一嗜好是抽几支廉价香烟。他俩合作得很好，许多重要文件都是共同商量后由张太雷起草、陈延年修订的。中共广东区委、团区委举办各种培训班，以及黄埔军校、农民运动讲习所等处，张太雷先后前去作报告，讲授有关青年共产国际、共产国际、党团关系、中国革命问题等课程。每逢重要纪念日，他还前去演讲，介绍有关人物或背景事略。

咨议局大楼左侧空地上有个临时搭起的木棚，作为国民党中央党部政治讲习班的教室，主要培养政治人才。时任国民革命军第二军副党代表李富春兼管讲习班，谭延闿（主席）、程潜、林伯渠、陈嘉佑、鲁涤平、毛泽东、李富春等均为理事，汪精卫、萧楚女、邓中夏、高语罕等讲授国民党史、三民主义、职工运动、国际主义与民族问题等20多种课，毛泽东负责讲授农民问题，沈雁冰讲革命文学。每周，张太雷也会抽出两个小时，为讲习班讲授《世界政治经济状况》，基本观点还是与他在上海大学讲授的"帝国主义论"相同。

每次外出讲课或演说，张太雷都事先做了充分案头准备，加之临场发挥，生动活泼，善于抓住听众的注意力。通过多想、多说、多写、多练，他的中文、英文演说水平提高得很快，甚至来华的布勃诺夫高级使团听取他的汇报之后，不由得称之"富有鼓动力，热情而令人信服"，认为他是一个富有经验的宣传家。

一支笔、一张嘴的宣传鼓动，是向民众传播思想的最佳途径，张太雷总结说："笔杆和舌头是我们革命者政治斗争的武器，应该不断地运用，不写不讲是不对的。在这个时候，群众是多么希望我们写和讲，而且有条件写和讲！"

1926年2月7日，广州城里出现10万人示威游行的大场面，纪念三年前京汉铁路大罢工遭到残酷镇压的惨案，游行前，人们在中山公园开会，将此日定为"二七工人运动纪念日"。

同一天，广大读者欣喜地看到《人民周刊》的创刊号，该刊由张太雷主编，并同时发表几篇文章。其中《二七之意义》一文，指出京汉铁路大罢工具有重要历史意义，开启了中国工人运动新纪元，因为工人阶级已担负起中国国民革命的主要责任；呼吁发扬当年京汉铁路大罢工的精神，唤起工农民众，巩固和扩大广东革命基础，努力完成国民革命使命。这正是《人民周刊》的宣传宗旨。

《人民周刊》是广东区委的机关刊物，"为人民利益奋斗的刊物"。张太雷与陈延年等人商量后，起草和修订了"本刊宣言"，发表于创刊号第一页上。

除了刊登中共中央、广东区委等重要文件和要人讲话，《人民周刊》主要介绍广东各地国民运动的发展和变化，捕捉其中的热点、难点和疑点问题，贴近民众，弘扬奋进精神，针砭时弊，总结经验，具有新闻性、指导性和可读性。《人

人民週刊

第 一 期

一九二六年二月七日出版

發行通信處 廣州國光書店黃正君轉

零售 每份四仙

人民週刊社出版

張太雷主編的《人民周刊》創刊号

民周刊》的创办经费经中共中央同意，由鲍罗廷拨给。不久，鲍罗廷暂时离粤，此刊物在某种程度上替代了鲍罗廷的指导地位，体现广东共产党人"自己管自己"的思路。

陈延年与张太雷商量最近发生的事情，随后挤出时间审阅《人民周刊》的稿件。撰稿人多为熟悉的名字：邓中夏、张国焘、黄平、恽代英、彭湃、阮啸仙等。

对于编辑刊物，张太雷已有编辑《向导》的经验。那是1923年6月在广州召开中共三大之前的事情。大会结束后，张太雷到上海与罗章龙一起编辑《向导》。

《人民周刊》创办期间，张太雷听取各方面意见，集思广益，设置了丰富多彩的栏目：《一周述评》《专载》《纪念》《调查报告》等。如有纪念"二七惨案"、孙中山逝世一周年等重大活动，出版专刊，登载大幅照片，邀请国共两党要人撰文。每期的述评，大都出自张太雷之手，结合全国形势和上级指示，有针对性地进行述评和总结经验，指导各地党组织工作。

每次拿到新出版的《人民周刊》，张太雷作为主编习惯性地再审阅一遍。该刊16开本，少则十几页，多则20页。封面朴实无华，刊名"人民周刊"四字用魏碑体，呈弧形状，下设本期目录，围以边框。右边写着日期和发行通信处，左边注明"零售每份四仙（分）"。从第26期起因经费等原因改版，减少页数，仅4—6页，缩小字号，却增加理论内容。刊头魏碑体改为大号印刷体，每个版面都加以边框，删去原来封面的目录。

张太雷的工作原来已经够紧张的了，现在又增添了《人民周刊》一摊子事务，天天忙进忙出，熬夜写稿、看稿、改稿则是常事，白天又要忙于其他事情。张太雷与毛泽东、陈延年、周恩来被党内公认为广东"四大忙人"。

广东区委曾为张太雷配备一名精明能干的秘书罗明（罗善培），协助广东区委宣传部的工作，但时间不长。罗明比张太雷小6岁，广东大学理科预科生。1926年3月，他被派到厦门整顿和发展团组织，不久担任汕头地委书记。张太雷牺牲后，罗明曾任福建省委代理书记，1933年被批判犯了"右倾机会主义"——"罗明路线"错误。新中国成立后，他历任南方大学副校长、广东省人大常务委员会副主任等职。

《人民周刊》问世后，受到广大读者喜爱，发行量不断增加，高峰时多达两万多份，北京、上海、长沙、杭州、重庆、太原、芜湖等20多个大中城市均有分售处，影响很大。《人民周刊》编辑部曾将第1期至26期进行翻印，装订成册，以满足广大读者需求。编辑部还出版《中国民族革命运动及其策略》《中国民族运动及劳动阶级》等书，内容丰富，深入浅出，面向大众，每本仅5分钱。这是借鉴其他报社的经营方式，充分利用本社宣传资源来扩大影响。

1927年广州"四一五清党"之前，《人民周刊》出至第50期（4月10日）被迫停刊。其中前29期由张太雷主编，他发表了大量文章，署名为"木""大""雷""太雷""大雷"

"春"等。其中75篇已收入张太雷文集、续集，占了总字数的一半，忠实地记载了这时期他关注的事件和人物，反映了当时错综复杂的政治形势和尖锐的政治斗争。

创办《人民周刊》之后，直到"中山舰事件"发生之前，在这一个月里，张太雷密切联系实际斗争，分析形势，指明方向，充分发挥舆论导向作用。

广州城内到处出现省港大罢工演讲队员活跃的身影，广大民众和商店纷纷捐款，各界人士不断慰问罢工工人，由此拉开了广东各界援助罢工周活动序幕，争取罢工的最后胜利。这时省港大罢工已进行了大半年，中共中央发表《告罢工工友与民众书》，号召全国人民团结一致拥护罢工，以此回击香港当局突然宣布停止解决罢工的卑劣手段。张太雷主编的《人民周刊》发表《援助罢工周的宣传大纲》，他还撰写《广东各界援助罢工周》一文，严厉警告香港当局："你们前面只有一条道路，就是老老实实地诚诚意意地预备了代价来解决罢工，不然你们只有看了香港成为荒岛而已。"

张太雷的警告声还未远去，香港当局又生一计，指使粤海关税务司英人卑路借口罢工纠察队扣留未经海关查验的货轮，无理宣布停止验货，蓄意制造"封关事件"，以此对抗广州封锁香港，破坏大罢工。此举引起全国各地民众的强烈抗议，张太雷猛烈抨击这种侵犯中国主权的罪行，指出"海关照条约虽由外人管理，但是到底是中国的海关；税务司虽是外人担任，但是到底是中国的官吏。粤海关税务司虽是由人家强荐来与我们做守大门的号房，但是他决没有权可以不得主人允许硬把大门关起来，不许主人出入的道理"。在强大的舆论压力之下，粤海关税务司被迫开关验货。

一周后发生了"中山舰事件"，面临复杂形势，张太雷主编的《人民周刊》又应该如何把握舆论导向呢？

第六章　『变故』预言不幸言中

給國民黨中央國民政府國民革命軍及廣東人民的一封公開的信

一

中國國民黨中央執行委員會、國民政府委員會、國民革命軍及廣東人民公鑒：中國共產黨的政府與主張早就貢獻給你們了，但是因為現在帝國主義與反革命委員會於贊成於中國民眾還需要加以研究，並且此種意見只加討論，所以共產黨與廣東的……

……除掉無產階級為最後以努力，而其他的社會階級……即是要打倒帝國主義與軍閥的……中國共產黨並且認為這一個聯合陣線是打倒帝國主義與軍閥所必需的……努力奮鬥……有聯合的可能。但是帝國主義者……望着我們的領袖就是這一……軍……

中國共產黨員在廣東在……國民政府與國民革命……統一的香港帝國主義……民政府摧失工農群眾……共產黨與他們的視線……革命的主義與……也是但害共產黨……所以共產黨是要國民……革命分子。最是……

……革命份子……工農群眾……打倒帝國主義……中國共產黨廣東區委員會

1926年2月4日，鲍罗廷以"奉召回国述职"为由，向国民党中央政治委员会请假一个月，告别张太雷等人，与夫人、孩子离粤赴京。一个月后，南粤天气转暖，鲍公馆留守工作人员通知张太雷：莫斯科派来高级使团，想了解一些情况。

原来斯大林等人试图弄清楚中国究竟发生了什么事情，以对事态的发展趋势和前景作出评估，还有驻华苏联工作人员之间的严重意见分歧，包括鲍罗廷与驻华南军事顾问团长古比雪夫（季山嘉）等之间的意见分歧。这次派出联共（布）中央政治局检查团［1925年12月，俄共（布）改为简称"联共（布）"］，由联共（布）中央书记兼红军总政治部主任布勃诺夫率领，其成员有联共（布）中央委员、远东区委书记库比雅克、全苏工会理事会主席列普赛和苏俄驻华大使加拉罕等，被授予广泛的权力，可以就地采取一切必要措施，无须联共（布）中央政治局批准。

1926年2月中旬，抵达北京的布勃诺夫使团接连听取加拉罕、鲍罗廷长时间的汇报。鲍罗廷回顾了自己来华两年多的工作情况：国民党改组，孙中山支持国共合作，建立以黄埔军校学生为骨干的新型军队，统一广东战争，处理"廖案"等棘手问题。其中谈到北伐与土地革命关系问题、国共合作问题、军队内共产党人问题，直接影响到中国革命进程。

布勃诺夫使团南下途经上海时，会见中共中央总书记陈独秀。对于中国社会阶级分析、土地问题、国共合作等问题，陈独秀提出了自己的看法，严肃批评了广东区委在广州国民革命军北伐等问题上支持鲍罗廷，与中央意见不统一。

尽管在京沪两地听取了各种汇报，对于中国国民革命的现状有了初步了解，布勃诺夫使团仍然不满足，很想听取广州当地工作人员的汇报。但是，广东区委书记陈延年在北京参加中共中央紧急会议，还未返回，于是广东区委推荐了张太雷。张太雷担任鲍罗廷的翻译兼助手，经常与国民党要人会谈，还参加广东区委的宣传工作，掌握国共两党的新动向，可以从不同角度分析和汇报广州各方面的情况。另外，在北京的鲍罗廷曾向布勃诺夫使团谈起张太雷，这也有利于他向布勃诺夫使团汇报和沟通。

张太雷与其他人商量后，连夜赶写和整理出内容丰富的广东形势报告，其中关于国民党右派与左派的相互关系问题引起布勃诺夫使团的关注。张太雷认为，1925年秋天是国民党左派在广东执政时期，那时广州国民政府刚成立，以廖仲恺为首的国民党左派与鲍罗廷密切配合，呈现一派新气象。但是，"廖案"发生后，广州国民党左派、中派、右派的政治势力发生了很大变化，加之鼓吹"纯正三民主义"的戴季陶主义，以及赤裸裸反共的西山会议派，直至国民党二大，迫使国民党左派动摇，右派变得活跃，进一步暴露了内部各种矛盾。

在国民党二大之前，陈独秀、张国焘、瞿秋白等人与邵元冲、叶楚伧、孙科等人的"上海谈判"，引起广东共产党人的不安，认为这种强行捆绑"左派、右派"的联合结果，势必给广州革命基地带来很大危害。这种观点显然与维经斯基、陈独秀等人"退让—乐观"的看法截然不同，张太雷认为目前广州形势不容乐观，左派、右派之间斗争趋向尖锐化，"看来，右派现在准备采取行动了，不久前他们曾试图在第四军和第一军之间制造分裂。现在的形势与谋杀廖仲恺前夕的形势相仿，到处是谣言和传单"。这一点也被周恩来亲眼所见证实，他应蒋介石电邀，乘船离开汕头回广州，察觉蒋介石同国民党右派来往密切，立即告诉张太雷。

张太雷预感要出大事。自国民党二大之后，广州城里流传着共产党暴动的谣言。蒋介石任第一军军长，其亲信师长王柏龄部队内也流传着武装政变的谣言，王柏龄甚至对连长以上军官训话时还要他们"枕戈以旦"，消灭共产党的阴谋。时任国民党中央宣传部代理部长毛泽东问陈延年，怎么会有如此谣言？陈延年答道："事出有因，查无实据，只能提高警惕，静观其变。"3月17日蒋介石指使亲信，打着黄埔军校驻省办事处的名义，传令海军代理局长、中山舰舰长李之龙

說，署國：美人對於現代之遠洋艦隊不滿，欲大規模之奮鬥……英國已有一計畫，於數年內期或一最新之遠洋艦隊。綜合這些

是可畏，帝國主義與牙齒爪，決須何實的危機，隨時隨處都有爆發第二次帝國主義的戰爭——世界大屠殺之可能。日本政府經蔽一了，已現和平了，于是做起「天下昇平」夢起來了。以

在最是決定為備非常周設立的國家總動員機關，還是表示國際險象的重大宣傳的事件。只可憐一般空想和平的人們，還在那裡

建信「國際聯盟」給與世界的和平。然面曾經明明白白地在莫府下專門去幹什麼「慶祝昇平」的浠痴會及「揚蚰妓女人格」的花園

會請規完了的。英美日三國海軍力之比例為五五三的成案，到面

今不是被半實告訴我們或了白紙黑字麼？　（俠）

論文

廣東革命的危機仍在呵　太雷

英國帝國主義之危機　中夏

革命同志們，廣東的危險仍在呵！去年打倒劉楊後大家以為廣東大害已去，可以安樂了！我們現在又看見這種情形了。

同志們，提防着，時時刻刻記着：「革命尚未成功，志仍須努力！」

不久以前，報上宣傳英國帝國主義者要用十萬大兵進攻中國，我們曾這樣大聲回答：「歡迎」！並且曾這樣憤慨地說：「我們多年所打的只是他們的工具——軍閥。現在他像摩洛哥一樣直接與帝國主義——而且是天字第一號的英國帝國主義——取，到是一件很痛快的事」。

現在我們再進一步把英國帝國主義作一番詳細的研究，究竟看一看這樣一個天字第一號的帝國主義是個甚麼樣兒了。

廣東已經統一了，反革命的軍閥大牢已經剷除了，但是廣東的危機仍然是存在着呵！一般革命黨人醒覺阿！革命的軍閥雖然除去了，但是反革命的基礎，民團，土匪，地主，官僚遠存在着。

國民政府進行財政統一，表面固然一無阻礙，但是事實上處處都是阻礙，貪官汙吏遍地都是，還是財政行統一障礙之一種。

靠此政府亂吃假的土匪與民團，還是財統一障礙之義一。

帝國主義者每天在那裏勾引反革命份子幹反革命的事情，

《广东革命的危机仍在呵》一文发表在《人民周刊》第六期

（共产党员），将军舰开到黄埔待命，这给原来流传的谣言又增加了"共产党武装政变"的新内容。

3月17日，广州城里下起大雨，广东大学依然如期举行广东各界纪念巴黎公社五十五周年大会。张太雷上台演讲"巴黎公社事略"，他大声提醒人们："巴黎公社本来不至于失败如此之速，因为内部有奸细，开门欢迎资产阶级入城，这是巴黎公社对于反革命派太仁慈了。"第二天《广州民国日报》刊登此演说，然而"奸细""仁慈"等字眼并未引起人们的警惕。

鲍罗廷、加伦将军都不在广州，张太雷、陈延年等人心急如焚，决定撰文正面回击谣言，张太雷写了《广东革命的危机仍在呵》一文，发表在《人民周刊》第6期上。

文中特地提及"财政统一"的问题，这正是"廖案"发生的重要原因之一。又以去年刘（震寰）、杨（希闵）叛乱为证，"有多少阴谋与诡计"，大声疾呼，千万要警惕！

恰巧布勃诺夫使团前来，张太雷等人喜出望外，张太雷还作了广东政治形势的报告，提及国民党左派与右派之间的关系，郑重其事地提醒"右派现在准备采取行动了"。但是，报告并未引起布勃诺夫使团的高度重视，《广东革命的危机仍在呵》一文发表的第二天就发生了"中山舰事件"，被张太雷言中。

事件前的3月19日深夜，蒋介石已下令广州全城戒严，但他又否认自己曾下令，反诬中山舰闯入黄埔，是共产党阴谋暴动，命令逮捕李之龙和第一军几十名共产党员。天亮后，又解除省港罢工委员会纠察队的武装，包围苏联顾问住宅。第一军副党代表周恩来闻讯赶到造币厂，质问蒋介石，却被软禁了一天。

张太雷彻夜未睡，在房间里来回走，陷入沉思，他怎么也不相信李之龙会叛乱，"这里面一定有鬼！"对于蒋介石的为人，张太雷听说得比较多。但是，布勃诺夫使团的"退让"政策不仅为即将返回广州的鲍罗廷定下了基调，也确定了中共中央和广东区委对待"中山舰事件"的指导思想。

3月下旬，陈独秀以中共中央的名义发出指令，认为"从党和军队纪律的观点来看，蒋介石的行动是极其错误的，但是，事情不能用简单的惩罚蒋的办法来解决，……我们现在应该全力拯救他，将他从陷入的深渊中拔出来"。根据这个指令，广东区委陈延年等人只好统一口径。张太雷撰文时，觉得有许多话要说，但又不能明说，于是采取写新闻报道的方式写下《三月二十日的戒严》一文，刊登于《人民周刊》第7期。文中主要转引中央通讯社记者采访蒋介石时的问答，蒋介石表示"中山舰事件"纯属"误会"，力劝众人不要相信谣言，吹捧自己仍然坚持"联俄、联共、扶助农工"三大政策。张太雷对蒋的答问巧妙地点评，"三月二十日事件证明本刊上一期所提出'广东革命危机存在'的警告是正确的"。

同时，张太雷与陈延年反复商量，以中共广东区委的名义发表《给国民党中央、国民政府、国民革命军及广东人民的一封公开的信》，郑重声明：目前建立国民联合战线是必要的，共产党始终在进行努力。帝国主义者及其御用工具最怕这种联合战线，因此竭力攻击代表工农利益的共产党，不惜以卑鄙手段造谣诬蔑，企图分裂国民革命的势力，破坏国民党，推翻国民政府，是危害广东和平的一种阴谋。共产党要求大家团结起来，共同奋斗，打倒帝国主义和军阀，建立统一的全国国民政府。

但是，国民党中央机关报《国民新闻》抽去了该声明书，故意推迟刊登。这是蒋介石控制的广州公安局所派检查员所为。张太雷立即在《人民周刊》上发表《言论自由与检查党报》一文，提出强烈抗议，认为共产党这种宣言不仅不应禁止刊登，而且应刊登在显要位置。最后辛辣地讽刺广州公安局的检查员，"如能严格防止如上次奸人假冒四军之离间革命军的传单满城散发，那就不仅是尽职分内，且是革命功高了"。

給國民黨中央國民政府國民革命軍及廣東人民的一封公開的信

一

中國國民黨中央執行委員會，國民政府委員會，國民革命軍及廣東人民公鑒：中國共產黨的政綱興主張早就對社會公佈了，但是因為現在帝國主義者與反革命混亂了廣東時局，所以共產黨不得不重新鄭重地聲明：

中國共產黨的目的是要使中國無產階級與農民得到解放，因為只有佔人口絕大多數的工農得到解放中華民族才能得到正真的與究全的解放。共產黨現在努力十反帝國主義與軍閥的運動，這是因為無產階級與農民非先打倒帝國主義與軍閥，是不能求得他們的利益最後的解放。除掉無產階級以外，尚有其他的社會階級為他們的利益起見，也是要打倒帝國主義與軍閥的，因此在這反帝國主義與軍閥的運動上，有聯合戰線的可能。中國共產黨並且認為進一個聯合戰線是這一種的賜會戰線是現在國民努力於進一聯合戰線的成立。

但是帝國主義者的賜會戰線是這一種的賜會戰線，因此在這反帝國主義與軍閥力量對於代表工農利益的共產黨照視，以誣蔑攻擊這一聯合戰線的頭腦，才決定他的黨員加入國民黨。所以共產黨是要將國民黨團結的共產黨遼謠眼瞧，以誣蔑攻擊這一聯合戰線的頭腦，才決定他的黨員加入國民黨。

還是我們革命的領袖及一般革命的群衆應注意的第一點。共產黨員加入國民黨的目的就是要使國民黨能夠成為一個革命的群衆應注意的第一點。共產黨員加入國民黨的目的就是要使國民黨能夠成為一種的賜會戰線，因此努力去把帝國主義遼謠眼瞧，以誣蔑攻擊這一聯合戰線的頭腦。

正是因為這個原故，帝國主義者以及國民黨內革命份子，最是仇毒共產黨，所以對于共產黨造遍誣蔑。這是因為把國民黨已經打除的反革命的群衆，因此去把帝國主義者及排除黨內革命份子，就十二分地仇視共產黨，所以對于共產黨造遍誣蔑。

共產黨承認國民政府統一軍民財政，與建立廉潔的政府，此因國民主義的大本營，是現在中國反帝國主義的大本營，共產黨始終是贊助國民黨，國民政府，國民革命軍，與廣東民衆以及一般的反動勢力。近來香港帝國主義及一般的反動勢力，想惟倒國民黨的勢力，想惟倒國民黨的勢力，想惟倒國民政府的陰謀。共產黨始終是贊助國民黨，國民政府，國民革命軍，與廣東民衆以及一般的反動勢力。格外的誣害與瓦解加以基了聯合共產黨對于共產黨，破壞國民革命的話語與照顧，因此他們對于共產黨的鬨衆應注意的第三點。

共產黨什廣東是他夠幫助國民政府統一軍民財政，與建立廉潔的政府，此因國民黨要恢復他們在廣東的勢力，想惟倒國民政府的陰謀。共產黨始終是努力于工農羣衆組織的保障，是國民政府，工農的組織是國民革命的保障，對于共產黨遼謠一種的遼謠眼分：帝國主義反革命派對于共產黨遼謠一種的遼謠眼分：帝國主義反革命派對于共產黨遼謠一種的遼謠眼起來打破敵人此共產黨決計不因國家敵人的造謠而忘懷他的革命工作，並且誓竭一切的力量，破壞國民黨，危害廣東和平的一種陰謀：共產黨要求革命領袖與一般革命的群衆起來打破敵人此種陰謀，並且一經團結起來共同奮鬥，以達到我們共同的目的——打倒帝國主義與軍閥，建立統一全國的國民政府。

國民革命的勢力，破壞國民黨，危害廣東和平的一種陰謀

中國共產黨廣東區委員會

第七章

撰文『笔战』蒋介石

關于蒋介石同志對『要不要國民黨』誤會之解釋　大雷

蔣介石同志六月二十八日在黃埔軍校對學生之訓辭中有講及我在本刊十四期上「要不要國民黨」一文，并且介石同志加之以「使兩黨生起惡感」的罪名。因爲介石同志是現在中國國民黨的領袖，他的話既出來就有影響的，所以對于介石同志對我那篇文章意思的誤會處，我如果不辯正，我那篇文章本來沒有那種使兩黨起惡感的影響，現在反要有這種影響了。　所以我不得不將我的意見聲明如下：

最先我要聲明的就是：我做那篇文章的動機決沒有要「使兩黨生起惡感來，」我做那篇文章的動機在那篇文章裏說得很清楚。。。。。。。。。。。。。。「我們決不能看着國民黨被人毀壞而一方面仍舊高喊國民黨萬

撰文"笔战"蒋介石

　　按照国民党二届二中全会通过的《整理党务案》决议，已暴露身份的共产党员几百人被迫退出国民革命军第一军以及撤出黄埔军校，集中在大佛寺（今广州市惠福东路惠新中街12号），举行高级训练班，周恩来担任班主任，陈延年、张太雷、邓中夏等前去作报告。面对训练班上愤愤不平的共产党员，张太雷心里很沉重，又听到参加国民党二届二中全会的共产党人毛泽东、恽代英、邓颖超等的各种议论，更是引起深刻思考。"我们除了目前的联合战线以外，总应该有自己的打算，蒋介石迟早要同我们分家的。"他与陈延年等人谈起应对《整理党务案》时，明确说出自己的想法。

　　陈延年等人心里也窝着一肚子气，但是不能违反中共中央的"退让"指示，也不能破坏国共合作，决定先让张太雷起草一份宣言，5月26日以广东区委的名义发表于《人民周刊》第12、13合刊期，阐明对于《整理党务案》的看法。宣言认为"跨党"的共产党员在国民党二届二中全会上并没有表示异议，"证明共产党员十分忠心于国民革命运动，并且认定国民党是一个革命的党，十分爱护而不使其受损失"。郑重声明，"中国共产党是永远以全部革命利益为前提的，永远主张统一革命势力的"。

远在上海的陈独秀等人接到陈延年等人的详细报告，觉得不能这么窝囊，陈独秀立即提笔写信给蒋介石，驳斥他攻击共产党阴谋叛乱的谬论，不能将"中山舰事件"的最终原因推到共产党人身上。6月9日出版的《向导》第157期刊登此信时，还发表了《最近国民党中央全体会议之意义》一文，注明"五月二十六日广州通信"。此文对于《整理党务案》的评价说得比较委婉，表示不满的同时，认为国民党二届二中全会有团结革命分子与反动派战斗的宣言，但没有根本推翻与无产阶级政党合作的政策。最后提出一个意味深长的问题：国民党中央是否决然打击反动派，巩固革命战线，担负起领导国民革命的重任，做中国民众的先锋。

"广州通信"未明确表达的意思，却体现在张太雷起草的反击文章里，这是事前张太雷与陈延年等人反复商量的结果。

《向导》发表陈独秀的致蒋信和"广州通信"的第二天（6月10日），《人民周刊》第14期刊登《到底要不要国民党？》一文，署名"大雷"。文章开宗明义，提出一个尖锐问题："我们现在到底要不要国民党来实现国民革命？"列举种种事实揭露国民党右派用卑劣的手段，阻挠孙中山改组国民党，破坏国共合作，"革命领袖四十年的努力与千万革命党的白骨换来的广东的革命基础几乎因此而丧失"。为了维

到底要不要國民黨？　大雷

　我們現在到底要不要國民黨來實現國民革命？　我提出這個問題希望革命同志不要誤會我是毀謗國民黨，我所以提出這問題來是因為現在國民黨是在最危險的時候，個個國民黨員，個個革命份子，甚至個個人民都應該嚴重考慮一下這個問題。幾乎個個革命黨員現在都承認：要國民革命成功必須要有一個能領導國民革命運動的政黨。過去革命失敗的經驗與偉大的領袖中山先生都中斷我們革命非有一個黨不行。　中山先生自己決定要建設一個能領導國民革命的黨，于是有民國十三年國民黨的改組，因為改組以前的國民黨不能算是一個黨，除掉我們偉大的領袖及其少數信徒以外大半是靠黨或靠黨以升官發財的人們。　中山先生改組國民黨的目的是要把國民黨變成一個全國革命份子的結合：黨要成為一個革命份子的結合方能成為真正能領導國民革命的黨。中山先生毅然決定歡迎共產份子加入亦就是本於這個意思。　改組後兩年半內的成績證明給我們看國民黨已漸成為一個革命份子結合，因此在全國民衆中有很大的勢力，確實能傾導中國一切國民革命運動。　但是中山先生這一種遠黨的決心自始就被黨內反動派所反對，因爲這是違反他們私人升官發財的利益，并且違反他們階級利益，他們嘴喊著三民主義，其實他們是反對民族主義的，

《人民周刊》第14期刊登《到底要不要国民党?》

持这来之不易的革命基础，"革命分子"不得不作出让步，不反对《整理党务案》。

但是《整理党务案》能否解决国民党内"反共产"的纠纷，维持国共"党内合作"的局面呢？是否将由此进一步驱逐"共产分子"以破坏这种革命的结合呢？文章提出更为严酷的现实问题，说出了众多共产党人一直憋在心里的话，接着追问：如果共产党人被责令退出国民党，国民党内的左派必将受到冲击和排斥，那么国民党又将回到改组之前的状态——不是一个能领导国民革命的政党。因此，国民党右派攻击"共产分子"，牵涉到国民党和整个国民革命生死攸关的重大问题，如果哪个人不相信，"历史事实自能强迫你相信这话"。

此文思维缜密，层层剖析，步步紧逼，笔锋犀利，显露出张太雷当年就读北洋大学法科的深厚功底。文章标题更是一针见血，抓住要害。当时莫斯科及其在华代表还在迷恋"退让"策略，中共中央犹豫不决，党内许多同志一时难以辨明前景，国民党左派人士暂且观望，社会各界议论纷纷，张太雷此文堪称漂亮反击，振聋发聩，给还在庆贺"限共"胜利的国民党右派当头棒喝，也是给自我标榜"中立"的蒋介石的严重警告。

一石激起千层浪，张太雷反击一文引起社会各界反响，赞同者拍手称快，反对者破口大骂，犹豫者左顾右盼。更有意味的是，反击文章不仅刊登在这期《人民周刊》与新出版的《向导》上，自6月16日至30日也共同连载于《广州民国日报》头版上。不知是报纸主编忽视了上层要人的反应，还是故意为之，引起广大读者注意。

张太雷发表《到底要不要国民党？》一文之前，蒋介石刚被委任国民革命军总司令，受权组建北伐军总司令部。他闻讯翻看此文后，察觉到其中的弦外之音。他知道张太雷有鲍罗廷和共产党的背景，但是仍然不罢休，决意要把张太雷等共产党人排斥在"纯粹革命分子"之外，并在黄埔军校纪念周训话时点名批评张太雷，指责他"使两党生起恶感"。

有人把蒋介石的演讲记录稿交给张太雷，他仔细看了几遍，哑然一笑，拿起铅笔在几段话下划了粗线，那是有关指责《到底要不要国民党？》的内容，随后与陈延年等人商量对策。

在《到底要不要国民党？》发表之前，张太雷等人已料到会产生各种影响，特别是蒋介石的反应。鲍罗廷没有明确表示对此文不满意，但话语中还是透露出让张太雷等共产党人不要"添乱"，稳定才是目前大计。

蒋介石临上北伐前线之前，曾与鲍罗廷多次密谈，诉说共产党人和众多民众不相信他的苦衷，鲍罗廷不发表评论。但是，蒋的诉苦无形中也给鲍罗廷施加了很大的压力，这也是鲍罗廷不想让张太雷等人"添乱"的原因之一，加之其他复杂因素，张太雷的《关于蒋介石同志对"要不要国民党"

關于蔣介石同志對「要不要國民黨」誤會之解釋 大 雷

蔣介石同志六月二十八日在黃埔軍校對學生之訓辭中有講及我在本刊十四期上「要不要國民黨」一文，并且介石同志加之以「使兩黨生起惡感」的罪名。因為介石同志是現在中國國民黨的領袖，他的話說出來就有影響的，所以對于介石同志對我那篇文章起惡感的誤會處，我如果不辯正，我那篇文章本來沒有那種使兩黨起惡感的影響，現在反要有遺種影響了。

所以我不得不將我的意見聲明如下：

最先我要聲明的就是：我做那篇文章的動機决沒有要「使兩黨生起惡感來」，我做那篇文章的動機在那篇文章裏說得很清楚。

：「我們决不能看着國民黨被人毀壞而一方面仍舊高喊國民黨萬

误会之解释》一文，推迟到8月12日才发表于《人民周刊》第18期，他进一步驳斥了蒋介石指责的两段话：

> 介石同志说："至于说到共产党完全脱离了国民党之后，国民党就不能革命，不能存在！这些话！太雷是不能讲的，不应该讲的！他简直看得国民党没有一个党员了！"

对此，张太雷反复看了自己写的文章，始终找不到这句话。他认为，按照《整理党务案》决议，"共产分子"离开国民党后，右派仍然攻击左派的继续执行孙中山的"联俄、联共、扶助农工"三大政策，"直到这左派分子倒后，革命政策放弃后，他们自己在党内当权后，然后他们才停止他们的攻击。因此攻击共产分子对于他们不过是他们这种毁党的企图之第一步"。只有采取坚决的措施，坚决断绝右派的企图，才能挽救目前国民党的危机。左派与右派之争，归根结底是一个争夺党内权力的关键问题，"共产分子问题是政策问题，不是组织问题，不是一个党员人数的问题，而是左派或右派在党内掌权的问题。这是我做那篇文章的观点"。

张太雷又举出蒋介石的另一段话：

> 并且太雷那篇《要不要国民党》的中间，说国民党

是排斥共产党党员，这简直不知道是什么话，那末我前星期所讲的话——虽然不是完全要求本校C.P.同志脱离共产党，却是要C.P.同志做一个纯粹的党员——如同太雷这样说，岂不变了我这番话，亦是排斥C.P.同志吗？

蒋介石说的"前星期讲话"是指6月7日在黄埔军校的训话，谈及共产国际（第三国际）的指导作用，高唱"赞歌"；涉及国共两党关系时，要求共产党人"做一个纯粹的党员"。此长篇训话在《广州民国日报》上连载，正是蒋介石点名指责张太雷的前后。现在蒋介石借题发挥，表明自己"清白"，站在"公允"的立场上，但还是受到张太雷等

坐落于广州黄埔长洲岛的陆军军官学校（黄埔军校）

共产党人的批评，似乎是蒙受了天大的"委屈"。但是，"介石同志"把前后发生的事情颠倒一番，其实张太雷撰文在前，蒋介石6月7日在黄埔军校训话则在后，难怪张太雷要表明自己撰文时不知道蒋介石后来有此训话。"即使介石同志的提议是在我文章之先，我那篇文章亦决没有涉及这提议。"

此答复之文始终围绕上一文的宗旨展开，尽力避免节外生枝，带来"说不清、道不明"的后果。如果说蒋介石没有认真看张太雷一文，或是"依势压人"——任意指责张太雷这样有背景的共产党人，不如说是蒋介石在严重警告共产党人，也在提醒鲍罗廷，蒋"枪指挥党"的准则将继续无情进行。在张太雷看来，党内难免也有争论，他们随时会被扣上一顶"破坏联合战线"的政治帽子。因此张太雷顶着党内外沉重压力，不顾个人得失，完全从大局出发，发扬一个共产党人大无畏的精神，"敢把皇帝拉下马"，接连撰文，旨在引起党内外的高度重视，共同协商解决迫在眉睫的"国民党危机"的重大问题，包括如何应对《整理党务案》。

当时蒋介石还被陈独秀等人当作"中派"看待，所以张太雷的文章里也不会出现"抑蒋"二字，但是"抑蒋"问题已悄然流传。几个月后，瞿秋白向中共中央递交的《秋白由粤回来报告》里明确提出"抑蒋"问题，延续了张太雷以上两文的思路。历史的进程也证明了张太雷两文呼吁的"危机"——右派夺权——并非危言耸听，而是正在酝酿的恶果。果然，张太雷的预言再次不幸成为血淋淋的现实，共产党人为此付出了巨大的代价。

第八章 留守广州

去年七月十六日粉寶茶館工人二人被慘殺，陳森因有主使的嫌疑，被法庭通緝，但陳森始終是逍遙法外。最近七月十三日牙擦据捕工會工人二人又有被東家科合兒徒殺死，陳森又有包庇東家的嫌疑。

于是廣州工人羣衆不勝憤怒，工人代表于一百七十餘工行千餘代表於七月十六日聯合向政府及黨部請願，要求通緝陳森，懲辦凶手及解散東家工行。政府暫由農工廳答應了，但未即辦。

被害工人之同工行工人於十八日在廣大將陳森拘捕送往公安局。公安局又將陳森釋放，于是廣州工人更形憤怒，工人代表行一百七十餘工行又派出代表到國民黨中央執行委員會請願。建議中央常務委員會對此請願決議組織審查委員會，審查陳森案及工會料粉案，審查行由工人代表會及陳森代表之廣東總工會各派三人及中央工人部長組織之。工人代表行代表完全接受此種辦法，并由中央委員會主席担保陳森隨傳隨到。陳森過案現在還未了結。

陳森同題在廣東工人運動及國民革命述動有很多關係。

陳森過案的解決並不是關于陳森個人的問題，所以是很値得我們注意的問題。

第一，陳森在工人運動中所代表的是東家，有的勢力。

陳森是廣東總工會的理事長，廣東總工會曾代表其二

留守广州

1926年7月9日，鲍公馆工作人员被馆后东较场上的大会所吸引，那里正在举行蒋介石总司令就职典礼和北伐誓师大会。鼓乐震耳，欢呼雷动，党政要人和各界人士5万多人参加了这个隆重仪式，国民政府代主席谭延闿授印，中央党部代表吴稚晖授旗。此后，蒋介石掌握的权力更加集中。

广州党政军由张静江、谭延闿、李济深负责，其中张静江与蒋介石的关系非同一般，谭、李都不得不让他三分。鲍罗廷要与老奸巨猾的张静江等人打交道，自然不同于与原来孙中山、廖仲恺等人的亲密合作，也与原来汪精卫、蒋介石合作也不一样，一切都充满了不确定因素。

手握重权的蒋总司令出发了，但这位蒋总司令的革命旗帜究竟还能举起多长时间？加之广东右派军人和政客、各地豪绅地主等，以及香港当局的敌对势力及其在广东的形形色色的代理人，大街小巷随时都有可能出现反动传单，蛊惑人心，这些都时时威胁着广东革命基地的生存。

北方反奉战争失败后，张太雷敏感地意识到广东已成为中外反动势力联合进攻的焦点；作为全国革命基地中心的广州，各界进步力量团结和巩固的问题更为突出。但是，广州工人和学生内部分裂成两派，双方矛盾愈演愈烈，广州报刊纷纷加以追踪报道，造成严重影响。

五一劳动节纪念活动在东较场隆重举行，在西瓜园也有一个集会；五四青年节也出现两个集会，分别在东较场和广东大学操场举行；五七国耻日仍然是两个集会，双方甚至发生冲突，打伤多人。前去维持秩序的省港罢工纠察队卷入冲突，事后省港罢工委员会发表声明，澄清事实。国民党中央党部和中央政治会议则在讨论学生团体两派之间的冲突和纠纷。对此，广东团区委等写了详细报告，总结了分裂与反分裂的经验教训，中共广东区委张太雷等人分别进行商讨和作了指示。

张太雷指出，自国民党改组以来，两派冲突的现象从未发生，这直接影响国民党中央党部的威信，使一般党员发生怀疑而无所适从。其中的原因显而易见，主要是那班已被开除与未被开除的反动派所造成的。他们趁全国反动势力疯狂进攻之时竭力想破坏广东的革命基础。他们散发谣言，以"赤化"恐吓民众，挑拨离间，唆使商家罢市，企图达到破坏财政、搅乱金融秩序的阴谋。他们向香港当局通风报信，促使对方停止解决省港罢工问题，无视数十万罢工工人的切身利益。广州城里流传着拥护西山会议派及打倒国民政府的传单，造成人心惶惶，动摇国民政府的民众基础。张太雷大声疾呼：团结起来，坚决除掉内患，奠定革命基础，"人民同

张太雷（左三）与鲍罗廷（左二）

情于我们，所以我们是一定胜利的！"

强烈的革命危机意识、高度的政治责任感、敏锐的洞察力，成为张太雷撰写《反动派在广东之活动》《到底要不要国民党?》等犀利文章的重要原因之一。在广州国民政府正式成立一周年之际，张太雷分析了广东一年来奋斗的历程和取得显著成果的重要原因，反复强调巩固和扩大革命联合战线的重要性，"如果大家团结稍为松懈，敌人立刻就能打倒我们"。

7月中旬，发生轰动一时的"陈森事件"。广州工贼陈森纠集暴徒，杀害广州工会会员两人，打伤十几人。早在去年就发生两名工人被残杀的事件，陈森有主使嫌疑，被法庭通缉，但是他一直逍遥法外，如今又是他一手制造血案。事发后170多个工会的千余代表，涌向国民政府和国民党中央党部请愿，强烈要求通缉陈森，惩办凶手，解散一切东家工会。国民政府答应办理，却迟迟未有行动。怒不可遏的工人群众到广东大学抓到陈森，扭送公安局。不料右派分子密令释放陈森。同时，广东各地国民党右派大肆分裂和破坏工农群众团体的事件屡有发生。

对此，张太雷主编的《人民周刊》立即发表评论《陈森问题应怎样解决》，指出陈森等人代表广州一股邪恶破坏势力，许多反动势力想利用陈森之类的人破坏国民革命中的工人运动。如果国民政府不下决心处理此事件，那么反动势力只会更加猖獗，严重危害国民革命。

一波未平一波又起，广宁等地农村接连传来令人发指的

留守广州

陈森问题应怎样解决

去年七月十六日粉碎茶館工人二人被慘殺，陳森因有主使的嫌疑，被法庭通緝，但陳森始終逍遙法外。最近七月十三日牙擦根捕工會工人二人又有被東家糾合兇徒殺死，陳森又有包庇東家的嫌疑，於是廣州工人羣衆不勝憤怒，工人代表於七月十六日聯合向政府及警部請願，要求通緝陳森，懲辦凶手及解散東家工會。政府曾由農工廳答應了，但未即辦。被害工人之同工友工人於十八日在廣大將陳森拘捕送往公安局。公安局又將陳森釋放，于是廣州工人更形憤怒，工人代表一百七十餘工友到國民黨中央執行委員會請願。中央常務委員會對此請願決議組織審查委員會，審查陳森案及工行料粉案，審查官由工人代表會及陳森代表之廣東總工會各派三人及中央工人部長組織之。工人代表會代表完全接受此種辦法，并由中央工人部長擔保陳森隨傳隨到。陳森過案現在還未了結。陳森過案的解決並不是關於陳森個人的問題，所以是很值得我們注意的問題。陳森同題在廣東工人運動及國民革命運動有很多關係。

第一，陳森在工人運動中所代表的是東家工可的勢力。陳森是廣東總工會的理事長，廣東總工會甘的是其三

张太雷主编的《人民周刊》立即发表评论《陈森问题应怎样解决》

消息，土匪摧毁农会，焚劫乡村，屠杀农民。广宁国民党党部及各群众团体发表通电："全县岌岌不可终日，非大军援救，救县四十万生灵，将成焦类矣。"熟知情况的张太雷愤愤不平，指出这是农会日益发展以来，大地主和劣绅日夜不安的结果。他们不惜贿买土匪摧残农会，联合反动民团攻击农会。对此，社会上流传着种种谬论，还假充"不偏袒"的态度，影响了驻地军队。张太雷认为，国民政府应派出军队消灭土匪，严令禁止地主民团破坏农会，才能把农会发展成为有力量的团体，以维持广东的和平。

　　不久前，陈延年、张太雷等在上海参加中共四届三中扩大会议，与陈独秀等人商量关于广东农民运动问题。最后会议通过《农民运动议决案》，包括最低纲领和策略等，但并没有总结广东两年来愈益高涨的农民运动特色，该决议作了说明，认为从全国各地农民运动发展情况来说"则尚早一点"，要等到召开中共五大时再讨论。同时，大会又通过一份《关于广东农民运动议决案》作为一种"备案"。陈延年、张太雷等认为中共中央对于农民问题的决议案不够彻底，主张在北伐进展中提出"分配土地给农民"的口号，以期动员广大农民完成北伐。但是，陈独秀等人认为时机未到，要求陈延年、张太雷等人原则上要接受大会作出的有关农民运动等决议。

　　根据共产国际代表维经斯基等人指示，会议指责农民运动在各地有过激之处，不能放任农民无组织的自由行动，并规定了一系列限制农民斗争的办法。农民协会"不能带有阶级色彩"，不必提出"农民阶级"的字样；只可宣传而不可以简单地提出"打倒地主"的口号，甚至地主与贫农有冲突时，"应设法使旧农会居调停地位"。会议还实质上反对农民的革命武装，极力阻止农民掌握武装，认为现时不可能"根本消灭"地主武装——民团等。这些延续"中山舰事件"的让步政策，使得会议强调的坚持无产阶级领导权多半成了空话，不仅在党的重大历史转折关头没有前进，反而使党进一步滑向错误的泥潭。

　　这给态度激进的张太雷、陈延年等人出了难题，但是他

留守广州

们不能眼睁睁看着眼前摧残农会的这股逆流大肆泛滥。他们反复讨论后作出指示，召开广东省农民协会执委会扩大会议，研究如何组织力量，打退地主豪绅进攻，进一步开展农民运动，毛泽东、阮啸仙等在会上作报告。广东区委还起草致这次扩大会议书，指出农民的阶级斗争是农民的解放问题，也是中国国民革命的中心问题。号召全省农民在省农协旗帜下，团结一致，抑制反革命的势力，实现农民最低要求，达到完全解放的最终目的。

面对张太雷等人强烈呼声，广州国民政府却置若罔闻，继而发生了花县等地反动民团、土匪疯狂杀害农民运动积极分子的悲剧，他们焚烧农民协会会员房屋，劫夺农民财产。血淋淋的残酷事实，激起社会公愤。中共广东区委毅然出面为农民撑腰，向广州国民政府提出惩治凶手的要求，并对事件进行制止和处理。广州国民政府只好派出调查委员会和一个营兵力前去处理，彭湃以广东省农民协会代表身份前去参加查处，这才发现随同查办的驻军长官手里有一份国民革命军总司令部的布告。布告说是北伐时期后方治安尤为重要，明令武装团体"不得擅启纠纷"。如今民团、农团等竟敢反抗，互相残杀，祸害地方……布告落款"总司令蒋中正"。

回来后，彭湃如实撰写了《花县匪团残杀农民的经过》长文，连载于《人民周刊》。张太雷撰写《我们怎样对花县农民》《军队进剿花县土匪》等文直接责问广州国民政府，认为农民有保护之必要，农会有成立之权利，决不可以站在第

我們怎樣對花縣農民

農民協會現在已成爲衆矢之的了，因爲農民協會妨礙貪官汙吏刮地皮，揭動土豪劣紳在鄉村間的壓榨，反對民團征收稅捐，真心剿滅土匪，一意要消滅淫惡。現在這各補反動勢力聯合起來向農會進攻了，所以廣東到處都發生了攻打農會的事。花縣最近又發生了民團土匪聯合攻打農會之事。

八月廿七日起，花縣民團團長江俠庵等，牽領民團土匪六百餘人，連日攻陷十餘鄉，居殺焚燒，姦淫擄掠，縣黨及縣農民協會職員全數失踪，生死未卜。花縣難民已來省請求政府派軍前往花縣救援。

南海番禺農民自衛軍因政府未能卽派軍隊，故願奮勇向前，但未蒙總司令部照准，總部并縣明政府須審慎從事，惟允派軍隊赴花縣彈壓。汪俠庵在陳烱明時爲花縣縣長，陳逆逃去後遂而當地方紳士衆民團局長，專事與農會爲讐，其反動逆跡早已彰然，不用絲毫懷疑。況此次江等有懲辦豎，這反動勢力到處向農會進攻時，希圖一聲撲滅花縣農會，并禍及國民黨黨部，罪惡昭著，不容詭辯。

政府如謂農民有保護之必要，農會有成立之權利，則決不可站在第三者地位，土匪與民民同樣看待，況土匪民團現取攻勢農民已受創甚重，政府如不卽剋懲辦江俠庵等，任其塗毒農民，不知何以對花縣農民？（大）

张太雷撰写《我们怎样对花县农民》一文

三者地位，将土匪与良民同样看待。并且不可偏听少数代表地主利益者一面之词，将团匪进攻农民之事以两姓械斗视之，否则无异于坐视反革命势力扑灭革命势力。文中没有点名那份总司令部的布告，但是读者只要翻看一下彭湃长文，便明白是怎么一回事。

但是，解决广东革命危机并非那么简单，除了国民政府、驻地军队与农会等严重问题之外，还牵涉到更多的复杂问题："抑蒋"策略、北伐战争、反对退出国民党等。这些中共党内争论的问题互相牵连，纠缠在一起，不能割裂独立审看，况且每个问题时而有反复，导致每个人的判断、分析和处理问题的角度也不断在改变，但是大家都想恢复"中山舰事件"之前状态。

随着莫斯科不再坚持反对北伐，维经斯基的态度陡然转变，附和支持北伐，中共中央发出通告第一号，纠正中央对北伐战争的消极态度，号召全国民众积极推动和响应北伐，但是对于北伐战争前途仍然抱着谨慎和怀疑态度。广东区委则是一如既往，积极组织工会、农民协会和青年妇女等群众团体，支援北伐战争。省港罢工工人3000多人组成运输队、宣传队、卫生队，铁路工人组织铁路交通队，随军出发。

前方不断传来北伐军的捷报，广州各界无不欢欣鼓舞，同时迎来了廖仲恺、陈秋霖遇害周年纪念日子，全市下半旗志哀，东较场隆重举行纪念大会。张太雷精心策划《人民周刊》纪念专版，刊登廖仲恺遗文《革命派与反革命派》，以及

《人民周刊》廖仲恺纪念专版

邓中夏、冯菊坡、罗绮园、恽代英等人的纪念文章。张太雷写下《廖仲恺——国民党的左派模范》一文，高度评价廖仲恺历史功绩的同时，针对性地指出，"要做一个国民党的左派，第一个条件就是要分别革命与反革命，认清友与敌，然后团结革命派，以廓清内部反革命派，这样方可使革命的大本营巩固，方可与帝国主义与军阀决战"。

张太雷不可能透露党内决议及其对于"中派"蒋介石的策略，更不可能公开提出严肃批评，因此他只能借助其他方式，结合广东内外交困的严峻形势，反复强调革命危机。不幸的是这种预感再次被无情历史所验证，半年后就发生了广州"四一五"反革命政变。

第九章

南下重整旗鼓

南下重整旗鼓

1927年8月9日，张太雷等人参加临时中央政治局第一次会议，决定由瞿秋白、李维汉、苏兆征组成中央常委会，实行集体领导，瞿秋白被视为"一种政治中心和理论中心"，成为并无总书记头衔的"总书记"。

摆在瞿秋白等人面前的迫切任务有：领导全党贯彻执行八七会议各项决议，实现党的方针政策的转变；新组建中央机关各个部门，建立南方局、北方局、长江局等，理顺地方与中央的各级组织关系；制定各项措施等。

8月11日，瞿秋白等人就成立南方局作出决定，通知广东、广西省委及闽南临时委员会：

> 兹临时政治局请派恩来、太雷、彭湃、陈权、代英、黄平、国焘为中央之南方局，以国焘为书记，并在南方局之下组织一军事委员会，以恩来为主任，管理广东、广西、闽南及南洋一带特支。恩来等未到以前，由太雷、杨殷、黄平组织临时的南方局。临时南方局之职权在于准备并指导上述区域之暴动及一切政治、军事事宜。此外并须报告此次中央紧急会议之议决，且根据之整顿该三省党部组织之责。至于前敌委

张太雷随鲍罗廷等赴武汉途经九江时留影

员会与临时南方局相遇之后，前敌委员会即可取消。
再由临时政治局决以太雷为广东省委书记。特此通知。

瞿秋白等人考虑到，领导南昌起义的前敌委员会周恩来等人到达南方后便可参加南方局工作，前敌委员会即行结束历史使命。其中过渡阶段，则由张太雷负责接应南昌起义军。

8月中旬，张太雷南下途中写了紧急报告，瞿秋白等人收到后，立即复信，指出南昌起义军必须迅速占领东江，否则会被敌人联合围击。"如能早拿住东江两个星期，则反客为主可以进击敌军，夺取广州"，同时加紧督促两湖暴动以声援。指令张太雷等人马上派出交通员，接应南昌起义军，抓紧时间成立上海、汕头交通处。另外，要求报告南方敌情和广东省暴动计划。

8月19日，张太雷与黄平风尘仆仆抵达香港，随后去广州察看情况，昔日的大革命基地早已被白色恐怖所笼罩，熟悉的战友刘尔崧、萧楚女等牺牲在敌人屠刀下。广州"四一五清党"之后，广东区委暂时迁移到香港，另成立广州市委，由吴毅（书记）、周文雍（工委书记）、徐彬如（又名徐文雅，宣传部长）、麦裕成（组织部长）等组成，继续领导革命群众坚持斗争。此后广东区委改名为中共广东特委（"粤特委"）、广东省委，主要由穆青、赖玉润（又名赖先声）等负责。

事前张太雷参加了八七会议，现在他召开广东省委会议，传达了八七会议精神。八七会议总结了大革命失败的教训，讨论党的工作任务，确立了实行土地革命和武装起义的方针，

任广东省委书记时的张太雷

为挽救党和革命作出了巨大贡献，中国革命从此开始由大革命失败到土地革命战争兴起的历史性转变。大家听后都很激动，准备重新战斗。大家反复讨论广东全省的暴动计划，改组省委，拟定全省暴动工作大纲。会议通过拥护八七会议的决议，"认为对于中央过去机会主义政策之批评完全（是）对的，广东省委决定以全力与党内此种机会主义奋斗，并不惜以严格纪律制止机会主义倾向"。

听取各方面汇报后，张太雷认为这里党组织状况急需改变，他写给中央的报告说："一、此间未曾依第五次大会的组织决议改组过，各地同志完全有（无）何变更。二、同志多有走散的绝无统计。三、无一点训练工作。四、党无发展。许多奋斗的工农都在党外，以上是组织方面的大缺点。"他和省委

广州市委旧址旧貌（今广州市广大路广大二巷4号4楼）

其他成员商量后，接连下达省委有关通告：

> 目前两广、闽南农工群众，已在或已积极在准备武装暴动夺取政权，及叶贺革命军的南来，都证明中国革命前途有极大的希望。……我们先要检查过去自己党的组织上的错误和弱点，并谋怎样改造党的组织，以执行党的新政策。……各地党部须于接到本通告之日起，切实执行，并须每周向上级党部报告其发展组织经过一次。至于未恢复组织的地方，各该上级党部须于本通告到达三日，即刻从事恢复组织，其工作经过情形，也须每周向各上级党部报告一次。附一批调查统计表，限于接到本通告后一周内，按照格式逐项详细用秘密通信法缮就秘密报告，遣人送来，千万不可迟滞。

显然，张太雷首先着手恢复、整顿和发展党组织的初步工作，重新凝聚人心，吸取经验教训，坚决执行党的新政策，"准备武装暴动夺取政权"，接应南昌起义军，重新建立广东革命新中心——"工农领导之革命民主共和国"，希望再次展现如火如荼的中国革命风暴。张太雷肩负重任，下定决心，决不能辜负党中央的殷切期望。

这期间，张太雷往返于香港与广州之间，躲避敌人的搜查，在骄阳下奔波，暴雨中穿行，人晒黑了，脸消瘦了。他不分昼夜开会讨论，听取汇报，分析情况，研究下一步工作，加强党、团关系，号召大家擦干身上血迹，勇敢地站起来，继续投入战斗。广东形势很严峻，也很复杂，但是，张太雷坚信依靠大革命时期留下的良好群众基础，继续发动起来，一定能战胜猖獗的反动军阀，夺取最后的胜利。

张太雷起草给中央的报告，向中央汇报召开会议等情况，附上广东省委接受八七会议的决议、改组省委的名单、暴动计划等，并说明敌人企图阻止南昌起义军南下的几道防线的情况，以及东江等地接应南昌起义军的一些准备工作。

9月初，南昌起义军南下时在江西等地打了几次胜仗，前敌委员会和革命委员会连续在瑞金、长汀、上杭等地召开会议，准备进入广东后召开全国代表大会，正式组织革命政府，起草一系列重大纲领和政策。瞿秋白等人闻讯后大受鼓舞，复信给张太雷等人，严厉要求坚决执行中央指示，不能对中央制定的政策和决议案提出不同意见，甚至考虑到暴动胜利后，要大胆提拔斗争中表现出色的工农分子到临时政府中去。

张太雷接到中央回复之前，再次从香港赶到广州，了解广州市委准备暴动情况。气急败坏的反动军阀大肆抓捕共产党人，接连破坏多处共产党联络机关。机警的张太雷乔装打扮，躲避敌人的搜查，与广州市委主要负责人接上关系，商谈相关工作情况。

这时，中共大埔县委书记饶龙光率农军独立一团攻入县城，成立工农革命政府。张太雷获悉后向中央汇报，确认周恩来等率领的南昌起义军已抵达大埔，距离汕头仅四五天路程，由于当地敌人驻军不多，攻占汕头不成问题。还说明周恩来捎来一信，因汗水湿透，无法辨认，只好听取来人的口头汇报。

张太雷已接到周恩来的电文：要求广东省委发动潮汕地区工农暴动，响应南昌起义军，巩固工农政权及其武装。张太雷返回香港后，召开省委会议，决定派黄平、杨殷回广州，指导暴动的准备工作，又派黄锦辉去调查那里的军事情况，并发出第九号通告《暴动各区、县目前应注意之十件事——暴动的策略》，要求各地迅速举行武装暴动，配合南昌起义军南进广东。接着又发出第十号通告，补充前通告的重要内容，指出"我们应该明了，暴动确是一种艺术，不是一种儿戏，他必须在组织上、政治上以及技术上有极精细的准备"。"暴动是一种艺术"，原来是恩格斯说的一句名言，在大革命失败后的中国则演变成策划暴动的口号。

经过反复研究讨论，张太雷等人制订《工农军作战方法与军队作战方法》，分为五大部分：一、工农军（4个要点）；二、乡村城市暴动方法（7个要点）；三、城市（4个要点）；四、指挥人员应注意事项（5个要点）；五、口号（13个）。对于即将进行暴动的各个方面作的具体规定，尽可能考虑到薄弱环节和自身弱点，这些在几个月后的广州起义时得到残酷斗争的无情验证。

Ⅰ、工农军——尤其是农军，本义的组织根本就不严密，缺乏甚至于没有军事的训练，专凭个人的勇敢以与有训练有组织军队作战，想要取得胜利，是难能的事。因此他的作战方法，与普通军有特别不同的地方：（1）避免正面战斗……Ⅲ、城市。（1）现在城市的工人，大多数没有枪板（指无法进行军事训练——引者），在城市举行暴动，必须有得力农军帮助。（2）城市的暴动，完全是巷战，必须熟悉街道，按照作战目标适当分配兵力，……Ⅳ、指挥人员应注意事项。……（3）没有训练的军队，尤其是工农军，假使兵败没有方法收容，故在战斗之前，即当示意各级指（挥）人员，以败后收容地点及方法。……

安排妥当后，张太雷决定从香港乘船前去汕头，通过当地党组织发动群众，举行武装暴动，配合南昌起义军攻占潮州、汕头。南昌起义军沿韩江水陆两路南下，9月23日打进潮州，成立潮安县革命政府。次日，24日早晨，南昌起义军进入汕头市区，与当地工农武装攻下警察总局，解除敌人武装。大街小巷挤满了人，争相欢迎南昌起义军。

南昌起义南下部队前敌总指挥部设在汕头大埔会馆里。汕头成立革命委员会，赖玉润任委员长，李立三任公安局长（徐光英代理）、海关监督兼对外交涉员郭沫若。汕头是个有名的出海口，交通方便，莫斯科早就下令在此建立交通处，接应南昌起义军，以便接受苏联援助，这也是起义军向潮汕进发的主要原因之一。但是，列强军舰在海面上虎视眈眈，不时挑起事端。周恩来预先想到这种情况，因此报告中央，让张太雷前去协助外交事宜。

汕头大埔会馆

南下重整旗鼓

9月25日，上万工农群众在牛屠地广场举行大会，周恩来、贺龙、叶挺、彭湃等发表演讲，号召潮汕人民奋起斗争。当地人民群情激奋，纷纷要求参军，红旗、红袖章、革命标语遍及全城。起义军还将接管的《岭东民国日报》改版为《革命日报》，刊登《八一革命大纲》《土地革命宣传大纲》等。红色潮州、汕头的影响迅速扩大，普宁、澄海、饶平的农民武装先后占领了县城。

"同志们，临时中央在汉口召开紧急会议……"张太雷晒黑的脸上露出坚毅的神色，传达八七会议的重要内容和中央对前委的指示：取消起义军原用的国民党革命委员会的名义，改为苏维埃；放弃国民党旗帜，改为斧头镰刀的红旗。张太雷还要求军队开往海陆丰，会合当地农民武装，改组为工农革命军。

周恩来、彭湃、恽代英等人大都赞成八七会议的决定，张国焘却不大愿意。他认为自己和其他参加南昌起义的领导人职务被降为政治局候补委员，不再是中央决策层的核心人物；对于改为苏维埃、工农军向海陆丰进军等指示，心里嘀咕。其实改易旗帜、军队名称等重要诸事，瞿秋白等人已下达各种文件作出指示，各地先后执行，从而完成历史性的重大转变。

张太雷原拟在汕头待几天即刻返回广州，但是周恩来、彭湃、恽代英等人再三挽留，推选他担任南方局书记。这里人心涣散，各干各的；而周恩来忙于繁重的军务，无暇分身顾及党务。张太雷能留下，是最好的选择。张太雷只得写信给中央，说明这里情况，"中央最后即迁来，我方能脱身"。

但是军情突变，喘过气的敌人重新集结，疯狂进攻，南昌起义军在潮汕地区"山湖之战"（"汤坑之战"）等战役军事失利。潮州失守后，驻汕头的南昌起义军被迫撤离，短暂的"潮汕七日红"结束，原拟在南昌起义军配合下发动广州暴动的计划落空。张太雷随同起义军撤退，随后化装乘船回香港。

远在上海的瞿秋白等人得知起义军撤出汕头，觉得这次失败很奇怪，立即写信给南方局张太雷等人，"现在潮汕失败后，究竟尚有多少部队到海陆丰？报载海陆丰已为农军占领，其他地方是否尚有农民暴动？"瞿秋白等人已产生"左"倾急躁情绪，况且深受莫斯科"城市中心论"指导思想的影响，在罗米纳兹的催促下，曾对于张太雷等人的暴动计划和《工农军作战方法与军队作战方法》表示不满，认为"有胆小、怕牺牲、不相信群众力量的弱点"，指示城市暴动无须等待农民军的帮助，否则太书生气了。当时瞿秋白等人并不清楚起义军撤退的情况，仍然强硬指令张太雷等人率领农民军，配合南昌起义军，一路杀过去，"以围攻广州为主要目标"。并举行广州暴动，里外合应，夺取政权，建立新政府。最后指责说："太雷既随军，黄平又冒险去汕，非常之不应该。"

张太雷等人将潮汕情况如实向中央汇报后，瞿秋白等人复信指示，夺取广东全省政权已不可能了，停止实施广州暴动计划。要求张太雷等人设法在香港、厦门、汕头等处设招待处，接应溃散的起义军负责人，"须一律设法回沪"；整个广东工作，交给南方局及广东省委负责。对于这次失败，瞿

张太雷写给邓中夏等人的信

秋白等人初步认为，南昌起义"一开始即没有坚决的处置敌人，一直到夺取潮汕，处处予敌人以聚集军力合而谋我的机会，实为失败的主因"。

10月15日，张太雷主持南方局和广东省委联席会议，讨论组织、宣传、工农运动等问题。根据瞿秋白等人多次来信指示，张太雷结合自己所见所闻，在会上作了总结南昌起义报告，阐述南昌起义决策经过；还分析了起义失败的政治、军事错误，认为起义军南下时没有与土地革命相结合，未曾帮助农民开展斗争。"此次的失败，很明白的告诉我们，单纯军事的投机，没有唤起广大农民起来，必然失败的。"

瞿秋白等人收到张太雷这份报告后高度重视，将其部分重要内容改题为《未来的课题》，刊登于《中央政治通讯》第7期。并在张太雷和其他报告的基础上，重新整理撰文，发出中央通告第十三号，全面总结南昌起义，首先指出"南昌暴动的'八一革命'在中国革命史上有极重大的意义"。分析经验教训时认为，"南昌暴动之后，只抱着军事投机的心理，而不信任群众，不认识发动群众，创造群众的工农政权之倾向，甚至于暴动开始之后，仍旧抛弃土地革命之旗帜，那就更是机会主义的遗毒"。

这次南昌起义及其南下军事行动是共产党人第一次单独领导武装斗争，严重缺乏经验，随之产生了各种问题，付出了沉重代价。指挥战斗的叶挺等人先后从不同角度探讨各种复杂原因，其中不乏精辟见解。

各地不断传来暴动失败的消息，革命再次受到挫折，张太雷等人心情沉重。张太雷与广州市委商量，决定发动一次海员等工人大示威。

1927年10月14日，广州城内突然亮出一面鲜艳红旗，"青天白日旗是白色恐怖的旗帜，我们还要它吗？应该用我们工农的镰刀斧头红色旗！"激情奋扬的各工会近万工人聚集在西瓜园，高喊口号，举起红旗，上街示威游行。这是香港、澳门、广州、江门海员工人为反对江门"新南海"轮无理开除工人和国民党不许罢工而发动的，省港罢工工人和广州工代会下属工会也参加。

张太雷等人赞同广州市委领导这场运动的策略，还认为广州市委停止原定的大罢工是对的，因为敌人已有了充分的准备。指示广州市委，利用各种机会积极领导工人运动，发展政治、经济斗争，揭露掌握广州政权的汪精卫派别的假面具，准备推翻反动政权。

张太雷激动地写道："我们的军队虽然一时失败了，但是我们的基本队伍还是日益增长地存在着，并且存在在你们的心窝里；我们军队的枪把虽然这一次没有能击破你们的脑袋，但是我们工人的锤头将在你们的心胸中捣烂脏腑。"最后高呼："青天白日是白色恐怖的旗帜，我们的革命旗帜是工农的镰刀斧头红色旗！"

瞿秋白等人收到此文，立即编发在新创办的中央机关报《布尔塞维克》上，瞿秋白还特地以《"青天白日是白色恐怖的旗帜！"》为题撰文，重申张太雷文章的最后一句话"……镰刀斧头红色旗！"表明瞿秋白等人坚决领导广大革命群众猛烈进攻的决心，英勇回击国民党反动派的疯狂屠杀和围攻，进攻，再进攻，决不退让！

八七会议之后，国内政治形势发生许多新变化，瞿秋白等人也急需要总结各地贯彻执行党的新方针的经验教训，特别是秋收暴动和武装起义出现的各种问题，必须制定继续斗争的新策略，统一思想，并采取严厉的组织纪律措施，很有必要召开一次党内高层的紧急会议。

10月15日，瞿秋白主持召开临时中央政治局常委会议，讨论召开紧急会议的问题，初步定于11月15日至20日期间。此后中央接连发出通告，决定11月8日在沪召集紧急会议，中央政治局委员、中央指定的政治局候补委员均需列席，被指定的重要省委或中央分局亦须派代表参加，务必于7日以前赶到上海，"过期即不等候"。

接到中央召集紧急会议通知之前，张太雷在香港主持南方局和广东省委联席会议，他强调指出，目前工作方针与以前大不相同，一是以前五十亩以下土地不没收，这实在是土地革命的障碍，以后一切大小地主的土地都要一概没收，彻底去干；二是以前还是用国民党旗帜去号召，以后不要了，改用红旗；以前只限于宣传苏维埃，以后要真正建设工农代表会（苏维埃）。他激动地站起来问大家："革命前途是否还有希望，革命是否还有高潮？"他充满信心地说："我们可以肯定说，是有高潮的，有希望的!"

关于没收土地的标准，在八七会议上，毛泽东认为：应该规定大中地主的标准，建议以五十亩为限，五十亩以上的地主土地全部没收。五十亩以下则为小地主，可以酌情处理。瞿秋白则认为，土地问题无一致的意见，毛泽东说的第一项与第二项有点冲突。中共五大讨论此问题，决定"耕者有其田"，此五个大字什么问题都可包括了，当然要没收小地主土地。广东省委张太雷等人原来也持有类似毛泽东的意见，但是接应南昌起义军的军事行动失败后，受到中央常委瞿秋白等人严厉批评，改变态度，要"彻底地去干"。

根据南方局和广东省委联席会议决定，广东省委发出第十四号通告，着重体现张太雷讲话的要点，认为"工农运动的高潮非特不因东江军事失败而低落，实际上更形高涨。十四日广州海员及工人数万群众之大示威，即一实例"。因此，要求各地充分发动群众，"现在的暴动不应停止，而应努力扩大"。还制定了扩大土地革命，建立革命政权等10项措施。

第十四号通告还对南方局和广东省委领导班子作了调整，张太雷担任南方局书记，委员有周恩来、恽代英、黄平、杨殷、彭湃。南方局下设军委，由周恩来、张太雷、黄平、赵自选、黄锦辉、杨殷组成。广东省委委员25人，其中有张太雷（书记）、黄平（组织部长）、恽代英（宣传部长）、阮啸仙（农委书记）、杨殷（工委书记），另加黄谦、陈郁为常委（此后有改动）。候补委员11人，有黄学增、张善铭、罗绮园等。不久南方局撤销，广东省委管辖两广，福建由中央直接管辖，海丰、陆丰的红二师和朱德的中共十六军特委也由广东省委领导。这套广东省委领导班子大都是张太雷的老搭档，工作配合默契。

把一切事情安排妥当后，张太雷辗转前往上海，参加中央紧急会议即"11月扩大会议"。

时隔一年多，上海十六浦码头依然拥挤，小商小贩不知疲倦地高声叫卖。但是，上海滩已见不到如火如荼的民众运动，大批共产党员和革命群众已牺牲，党的组织遭到严重破坏。不久前，中央机关刚刚从武汉搬迁到上海，许多机关设在爱多利亚路（今延安东路）附近，该路以南是法租界，以北是公共租界，在此可利用租界和国民党当局之间的矛盾掩护自己。瞿秋白、苏兆征的住处靠近爱多利亚路的淡水路以西，中央其他负责同志大多住在爱文义路（今北京西路）一带。

瞿秋白比八七会议时还要瘦，张太雷关心地问候几句，立即转入正题，汇报南昌起义失败和两广暴动计划等问题。瞿秋白等人不满意张太雷等人起草的工作计划，认为此计划仍带有偏重军事的倾向，"未能把暴动主力建筑在农民身上"，决定另起草一个工作计划。

张太雷通过与瞿秋白等人多次交谈，发觉他们对目前形势充满乐观情绪。瞿秋白认为，中国革命潮流仍是高涨的。李维汉也说，现在中国形势的高涨，比八七会议时还要明显。但是，这种乐观应带上"盲目"两字，明显受到罗米纳兹指导思想的重要影响。

广州正值多事之秋，很不太平。广东实力派张发奎、黄琪翔等人打着"拥护汪精卫，打倒共产党"的旗号，率领国民党第二方面军进驻广州，与桂军争夺广东地盘的斗争愈演愈烈。11月17日爆发粤桂战争，桂军被赶出广州。黄绍竑的桂军集结于梧州，准备卷土重来，潮梅地区的陈济棠所部宣布反对张发奎。张发奎等人决定先解决西江的黄绍竑部队，后解决东江的陈济棠，随着张发奎军队调动，广州城内兵力大为减少，逐渐形成广州起义的有利时机。

粤桂战争爆发的同一天，远在上海的中央常委会正在开会。由瞿秋白、苏兆征、李维汉、周恩来、罗亦农组成新的高层领导班子，周恩来代表中央组织局提出广东省委常委会的名单：张太雷（书记）、恽代英、张善铭、黄平、陈郁、周文雍。此后，他们共同准备和领导震惊中外的广州起义。

会议还通过周恩来、张太雷、苏兆征等起草的《广东工作计划决议案》，正式决定举行广州起义，要求广东省委利用国民党粤桂系军阀对广东的争夺，发动农村和城市的暴动，廣東工作計劃決議案 中央，一九二七，十一，十七。

一 目前的政治任務

廣東的政局於最近又發生了一個變化……

周恩来、张太雷、苏兆征等起草的《广东工作计划决议案》。

发动兵士在战争中的暴动和反抗，"会合而成为总暴动"，夺取广东全省政权，建立苏维埃。决议案对于广东目前的政治任务、宣传、组织、工运、农运和军队等方面作了具体指示。其中政治任务有11项内容：发表号召暴动宣言；举行政治总同盟罢工；东江红军直扑广州，沿途扩大土地革命；东江各地发动农民起义，配合广州暴动等。

这份决议案经过反复讨论，甚至考虑到可操作性的具体环节，张太雷将这些熟记于心，与瞿秋白、周恩来等人握手告别。

11月22日到香港后，张太雷向广东省委成员传达"11月扩大会议"精神，以及中央通过广州起义（暴动）的决议，大家都很兴奋，决心大干一场。

张太雷前往上海开会之际，中共东江特委乘广东军阀内部矛盾之机，在南昌起义军余部配合下，领导海丰、陆丰两县农民武装起义，占领两县县城及其周围地区。11月13日和18日，在彭湃领导下先后在陆丰、海丰召开工农兵代表大会，成立陆丰、海丰工农民主政府。张太雷得知这些消息，非常高兴。海陆丰工农革命军在广州起义计划中占有重要"外援"地位，《广东工作计划决议案》规定他们将沿途号召农民，扩大土地革命，形成一支浩浩荡荡的生力军，直扑广州，与城里起义军里应外合。

张太雷了解有关情况后，当晚即起草一份报告给中央，称赞彭湃干得漂亮，"没收土地事，的确与中央议决相符，可无遗憾。军队精神很好，打仗甚勇，与工农携手"。不过，张太雷抱怨上海至香港地下交通员因坐小轮延误时间，"11月扩大会议"决议案等尚未收到，中央刊物也仅收到一部分。希望中央无论如何多给10元钱，让交通员可以乘坐速度快点的邮轮，缩短时间。张太雷还谈到纽曼与广东省委的意见分歧，准备明天去解决。

罗米纳兹已经返回莫斯科，参加联共（布）第十五次代表大会，他的助手德国人纽曼全权负责指导广州起义。纽曼曾是支持斯大林反对托洛茨基、季诺维也夫的3名德国共产党代表之一，以斯大林的"宠儿"著称，来华时为德国共产党中央候补委员。广州起义失败后，他并未因此遭到严厉处分，反而在1928年至1932年当选为德国共产党中央委员、中央政治局和书记处委员。1932年底，共产国际派他到西班牙执行一项使命，1934年在苏黎世被捕，次年返回苏联。1937年在大清洗运动中被镇压，下落不明。若干年后，纽曼被恢复名誉。

参与广州起义指导的还有驻中共中央军事部顾问谢苗诺夫（化名安德烈）、苏联驻广州总领事馆总领事波赫瓦林斯基（化名韦谢洛夫）、副总领事霍希思特（即哈西斯、何锡思）等。

粤桂战争爆发后的第二天，内外交困的张发奎等人派代表摊牌，要求与共产党合作，对付桂军。军事顾问谢苗诺夫主张联合张发奎等人，以共产党军事委员会的名义和黄琪翔谈判（张发奎仍在上海），认为张发奎与李济深的冲突是小资产阶级与地主阶级的冲突，如果现在进行广州起义，即是帮助李济深。张善鸣等人表示坚决反对，主张立即准备起义。谢苗诺夫又赶到香港，与广东省委恽代英等人开会讨论，再次提出"联张"主张，遭到拒绝。谢苗诺夫坚持己见，激怒了广州共产党人，甚至声称要将他撤职。

张太雷了解双方意见后，召开会议，统一思想，拒绝谢苗诺夫的意见，并起草广东省委第二十五号通告，揭示粤桂战争的实质，"只是两派军阀互相（争夺）地盘，加重屠杀剥削工农群众的战争"，应乘机扩大各地工农暴动，以联合各地零碎暴动成为广东全省的大暴动，领导工农兵群众联合起来夺取广东政权。显然，张太雷坚决贯彻执行中央常委会通过的《广东工作计划决议案》，加速准备实施"进攻—暴动"方案。

　　代英、善鸣、宝同兄：

　　　　二十六晚（黄）平、（吴）毅、煜（陈郁）、沈青、王强亚及我与毛子（纽曼）决定了准备夺取广州政权的问题。这会议认为广州工人必须起来保卫广州，以抗拒李济深重入广州建立其反动的政权，同时反对张发奎，因为他与李济深一样的反动。一方面广州工人只有自己起来夺取广州政权方有出路，一方面张李两军阀的血战（给）广州工人以机会，所以决定立即暴动。……

　　11月28日，张太雷写了此信给广东省委，正式传达举行广州起义（暴动）的决定，说明这次会议作出的四项具体措施：一、召集全体工会同志一致活动，筹备总同盟罢工（此非示威性质，而为领导暴动的总同盟罢工）；二、组织赤卫队筹备武装暴动；三、加紧张发奎军队内的工作，使暴动时有一部分军队投到工人方面；四、市郊农民暴动，特别对广州工农兵发表一个宣言。张太雷还谈了起义具体问题："关于军事工作，此地需要一个组织，惟尚未确定如何形式。既然准备暴动（广州起义）夺取政权，各地农民更须尽可能与广州工人联合。特别是海（陆）丰军队及农军，要准备向此方向移动，以待时机。"同时，广东省委将张太雷此信转给中共中央，汇报上述关于广州起义的决定。

　　瞿秋白等人收到张太雷的来信，同意广州起义（暴动）计划，对于起义前的各项准备工作、建立苏维埃政权、扩大工农革命军、颁布有关条令等作了重要指示，再次强调要发动广州市及周围各县工农群众，"虽说以广州为集中的目标——夺取省政权是对的，但是，千万不要忽略了乡中土地革命苏维埃政权的根本工作"。显然瞿秋白等人吸取南昌起义军南下失败的经验教训，再次强调城市武装起义（暴动）必须与土地革命相结合，发动广大农民一起夺取政权。这是土地革命初期瞿秋白等人探索中国革命道路的总体思路，但是，主要还是按照俄国十月革命起义的模式，认为举行起义时一定要发动工人进行总同盟罢工，然后由总同盟罢工发展为夺取政权的武装起义，这与纽曼传达莫斯科的指示有密切关系。瞿秋白等人仍然强调以"城市中心论"为指导思想，农民暴动和游击战只是起辅助作用。

张太雷等人向中央汇报的同时，决定成立起义（暴动）总指挥部——革命委员会，由张太雷、黄平、周文雍任委员，张太雷总负责，主管军事、政治；黄平兼任广州市委书记，周文雍任广州工人赤卫队总指挥，他俩负责工人方面的指挥；另以吴毅（省委候补委员）为秘书，负责党务。随后任命叶挺为起义军事总指挥，叶剑英为副总指挥。

"准备为广州苏维埃而战争！变军阀的战争为工农兵革命胜利的战争！用群众革命及苏维埃政权反对帝国主义军阀及资本家！"张太雷等人仿照俄国十月革命前夜的战斗口号，发出号召起义（暴动）宣言，随时准备公开亮出鲜红的战斗旗帜。

张发奎等人的主力部队不断调出广州去迎战桂军，继续试图与共产党人谈判，解除后顾之忧。张太雷等人提出谈判条件：一、即刻释放一切革命的政治犯；二、即刻交还现被改组委员会所强占的革命工会会所；三、完全保留并保护省港罢工工人原有一切权利；四、完全恢复言论、出版、集会、示威、罢工及工人阶级组织的自由权，共产党、革命工会及广州工人代表大会完全享有公开活动的自由；五、逮捕处罚一切惯于以恐怖手段对付工人阶级的分子；六、即刻武装广州工人，在广州工人代表大会指挥之下。

这六项条件主要反对张发奎军队占据广州后一系列政治镇压，表现了张太雷等人的强硬态度，要谈判就接受这些条件，否则拒绝谈判。张发奎等人也知道答应这些条件意味着又将出现一个赤色广州，但是内外交困的局势又让他们焦虑不安。犹豫不决的张发奎不说话，黄琪翔、陈公博含糊地表示赞成。广州市公安局长朱晖日气急败坏地站起来反对，大说一通利害关系，众人面面相觑，会议无结果而散。

参与指导广州起义的驻华苏联工作人员内部也有不同意见，苏联驻广州总领事馆总领事波赫瓦林斯基写信给加拉罕，认为"拒绝同张发奎会见，我认为是错误的"。并直言不讳地指出："立即举行暴动的方针是错误的，因为党没有力量在广州夺取和建立政权。举行暴动除了无谓的残杀外只会导致消除现时的改革派（张发奎等——引者），他们尽管有其反动性，但在国民党内是个特殊的派别，他们的命运在反对对他们不断收缩的广西包围圈的斗争中也大成问题。"

周文雍（左）和黄平（右）

苏联工农红军参谋部工作人员越飞写给加拉罕的报告也提出类似担心，"发动（起义）可能为时过早，因为党没有足够的力量"。

纽曼明确表态反对原来"联张"策略，坚决赞同立即起义，他致电联共（布）中央政治局，指责张发奎搞恐怖政策，逮捕工人，驱散罢工工人，引起工人的强烈不满。"我们正在组织大罢工，开始成立在革命工会领导下的赤卫队。"最后坦率地说："实际上我们还没有确定起义日期，因为鉴于上述决定的特殊性和重要性，恳请你们立即向广州发出指示。"

对于广州起义面临的种种困难和复杂形势，以及选择起义的时间和时机，张太雷曾经多方位、不同层次地进行反复考虑，特别是党内和驻华苏联工作人员内部不同的看法，促使他权衡利弊。最终，为了尽快实现中央广州暴动计划，开创中国革命新局面——神圣的政治使命压倒一切，必须果断、坚决地执行。

张太雷悄然住进广州市委地下机关（广大路广大二巷4号4楼），与有关负责人日夜商谈起义诸事，还要为准备起义的各系统负责人作报告。他乘坐一条小船，摇向停留在沙面白鹅潭的一艘邮政船。他走进舱口，环视前来秘密开会的广州工人代表大会负责人，说："咱们决定在广州举行工农兵大暴动！"

第四军教导团第二营副营长李云鹏（起义时为教导团团长）接到开会通知，沿着永汉北路向西拐，再向北拐进一条小巷中，进入一个小院子，这里是省财政厅附近党的地下联络处。他刚坐下不久，张太雷进来了。张太雷对他说："粤军和桂军之间的矛盾太大了，已顾不上对付我们，这是一个有利时机。"张太雷冷静地分析当前形势和党的政策，希望大家树立必胜的信念。

加紧瓦解、策反张发奎第四军留守部队（教导团、警卫团、炮兵团）成为广州起义成败的关键。教导团原由中央军事政治学校武汉分校学生改编，叶剑英担任团长。粤桂战争爆发后，由反动的团参谋长朱勉芳代理。党在该团里做了大量工作，发展了许多党员，进步力量占绝对优势，有几百名共产党人和青年团员，被张发奎称为"拉了线的手榴弹"，随时会爆炸。

警卫团新成立不久，原为张发奎扩充实力而准备的。经升任为第四军参谋长的叶剑英推荐，梁秉枢、张诗教（时为秘密共产党员）为正副团长，还派陶铸（化名陶剑寒）、施恕之、陈同生等共产党人到警卫团工作。该团有千余人，下设三个营，第一、二营由原来第四军特务营改编，分别驻扎观音山和东较场、大沙头。第三营招募省港罢工工人纠察队组成，共产党员施恕之担任营长，与团部驻扎在八旗会馆。

共产党掌握的教导团、警卫团武装力量，成为广州起义的主力军，张太雷等人多次召集这两个团有关负责人秘密开会。

广东省委常委周文雍负责组织广州赤卫队，其中有原来的工人秘密武装，如剑仔队、工人自救队、省港罢工工人利益维持队等。按照区域划分，设立11个区委会，邓发（后任苏区中央政治局候补委员等职）任五区副指挥。不久按行业和相近地域重新改编，成立工人赤卫队总指挥部，下设7个联队、2个敢死连、消息局及汽车队。每个联队设若干大队、中队、小队，徐向前曾任第四联队长（自述第六联队）。

徐向前原是黄埔军校第一期学生，大革命失败后被迫离开张发奎部队，辗转到上海，中央军委派他和其他同志去广州，经广东省委安排到赤卫队工作。徐向前发觉赤卫队员虽革命热情很高，但毫无军事素养，许多骨干连枪都没摸过。关在屋子里进行军事训练，只是纸上谈兵，更没有武器。徐向前讲解军事常识时，不会说广东话，工人们听不懂，幸好由党代表当"翻译"。其实几千人的赤卫队状况基本如此，枪支、手榴弹极少，大多用大刀、铁尺、菜刀和木棍参加起义。

张太雷作为广东省委军委书记，经常与军委成员聂荣臻、黄锦辉、杨剑英、曾干庭等商谈起义军事具体问题。

聂荣臻曾赴法国勤工俭学，回国后任黄埔军校政治教官、广东区委军委特派员等职，参加了北伐战争。南昌起义后，随起义军南下，经历多次战斗。他奉命到广州后，在八旗会馆（警卫团部）对面租下老百姓一间房子，作为军委联络点。黄锦辉与聂荣臻相熟，也是黄埔军校一期生，曾随周恩来参加第二次东征。周恩来去上海党中央工作后，广东区委军委工作由熊雄、黄锦辉负责。杨剑英（又名陈云清）说着一口浓重的四川话，原为上海中共中央秘书处交通员，后任中共广东省委委员、中央军委南方办事处主任等职。他驻守军委联络点，专门负责同各方面接头。曾干庭是黄埔军校第五期步科毕业生，湖北人，曾就读恽代英母校武昌中华大学预科。黄埔军校毕业后，他在广东省委军委工作，兼工人纠察队军训总教官。

对于广州起义准备诸事，聂荣臻等人有不同看法。纽曼固执己见，批评不同意见的人是"单纯军事观点"，给大家留下一个很不好的印象，觉得他是十足的主观主义和教条主义者，不懂得军事，没有实战经验，对中国和广州情况不甚了解，听不进不同意见。

参加广州起义的徐向前、聂荣臻、叶剑英后来成为名扬天下的开国元帅，邓发、程子华、陶铸等成长为党政军高级干部，也有许多党员干部和赤卫队、农民军指战员都在广州起义中枪林弹雨的经受考验，先后成长为党和军队的优秀干部，还有更多的人献出了宝贵的生命。

对于武装斗争，张太雷曾从不同角度进行阐述，包括几次写给共产国际的报告，赞扬巴黎公社武装夺取政权的创举等。他第二次赴莫斯科时参观了苏联红军各军种的营地和设施，了解各方面不同层次的军事情况。他参加广东区委决策工作时，广东东江等地经常发生激烈斗争，国共两党共同从事军事活动，他感受到武装斗争的必要性和迫切性。广东区委较早成立军委（周恩来任书记），积极参与建设和掌握共产党第一支武装部队——"陆海军大元帅府铁甲车队"，以此为基础力量，成立第四军独立团（叶挺任团长），在某种程度上成为共产党领导武装斗争的先声。同时张太雷多次接触和处理广东各地农民军自卫斗争的实际问题，积累了较多的经验。武汉时期他担任湖北省委书记，更多地接触到土地革命和军事行动的具体问题，还参与制定湖北省农协关于武装问题决议案等文件。在接应南昌起义军南下的过程中，他亲身经历了武装斗争的残酷现实，以及指挥军事行动中所遇到的各种复杂环节和具体问题。

广州起义前夕，张太雷的脑子里塞满了大量繁琐事务，其中有许多是第一次遇到的棘手问题，特别是城市起义与土地革命相结合的各个环节和具体步骤，这在书本上没有现成答案，一切都需要在实践中反复摸索，不断学习和总结经验，循序渐进。但是眼下时间紧迫，逼迫他在最短时间里飞速思考，马上作出最后决定。曾干庭曾建议制订起义失利后的预案，张太雷脱口而出"只能顾成功，不能顾失败"。显然这是受到纽曼的影响。

12月1日，广州东较场举行各界民众集会，张发奎、黄琪翔、陈公博等人讲话。集会主题是反对共产党，反对国民党中央特委会，打倒桂系新军阀李济深等，拥护汪精卫的护党主张，要求在广州召开国民党二届四中全会，打倒西山会议派等。广州共产党组织事前安排数百名工人，当张发奎等人讲演时在广场四周同时亮出红旗。张发奎立即下令叫士兵去捉拿，士兵面露难色，气急败坏的张发奎急忙叫警卫队去逮捕工人，引起全场震动。

同一天，张太雷等人发布广东省委紧急通告《号召准备暴动》，既反对李济深重入广州建立反动的政权，也反对张发奎。他认为张发奎的军队因蒋介石的欺骗及四面包围难有出路，他的下级军官与兵士会投到工人方面来，指出"工人只有以自己的力量起来夺取广州政权才有出路"，号召立即全体动员，同志们要树立起义的决心及明白自己的责任。赤卫队的组织、武装的准备、兵士中的鼓动，都是准备起义的重要工作。不仅要准备全市总罢工，而且各县应立即起来领导农民暴动，夺取乡村、县、镇政权。

12月3日，清远、花县农军响应广东省委号召，攻入清远县城，次日退出，南下参加广州起义。广东省委分头抓紧时间落实起义工作，4日傍晚，张太雷出现在广州东郊黄花岗七十二烈士墓旁，召集第四军教导团、警卫团及黄埔军校特务营等单位骨干分子200余人，代表广东省委作起义动员报告。会上，大家一致表示拥护省委关于组织广州起义的决定，誓死为工农革命而奋斗。张太雷部署了行动计划，要求大家分工联系周围进步群众，加紧做好全体革命官兵的思想发动工作，仔细调查和严密监视本单位内反动分子的活动。会后，张太雷又主持教导团各级干部的分组培训，要求做好教导团各项起义准备工作。

张太雷等人曾仔细分析和总结了广州起义的五个条件：

"1、要积极发展群众的经济斗争，以至杀工贼改组委员，夺取工会，一直达到最高点工人自己起来暴动；2、敌人的统治动摇，社会秩序敌人已无能力维持；3、要张、李战争达到最利害的时候；4、要各地农民暴动起来与广州一致；5、要一般市民开始厌恶军阀战争，最低限度不积极反对我们。"12月5日，张太雷等人向中央汇报了以上五个条件，说明近日广东政治状况的变化，认为张发奎调动主力部队外出抵御桂军进攻，广州城内空虚，只剩下保安队和教导团、警卫团的兵力。还汇报了海陆丰、琼崖、普宁、西江、潮汕、东莞、宝安等地农民运动状况，以及广东省委的组织工作。

在上海参加国民党二届四中全会（12月3日—10日）的汪精卫获悉共产党人将在广州暴动，大吃一惊，密令张发奎、陈公博"坚决反共"，解决第四军教导团，搜查工会，驱散赤卫队。汪精卫急得团团转却无法分身，紧急通知妻子陈璧君"衔命"南下广州。因广州是汪精卫和蒋介石等人讨价还价的政治筹码，绝不能失去。

张太雷等人获悉汪精卫的密令内容后，立即向中央报告：张发奎欲解决第四军教导团。眼看起义事情泄露，必须抓紧时间，抢在敌人前面，否则一切努力付诸东流，张太雷等人心急如焚。

广州越华路一所戏院里，张太雷主持召开工农兵代表会议，通过工农兵代表会议执行委员名单，有10名工人代表、3名农民代表、3名革命兵士代表和共产党代表。同一天，张太

张太雷等人研究广州起义（油画）

雷又主持广东省委会议，通过苏维埃政纲、宣言以及行动部署。会上，张太雷被推选为人民海陆军委员、代理广州苏维埃政府主席（主席苏兆征未到任）。晚上，按照会议精神，张太雷立即起草报告给中央。12月8日，以广东省委名义向中央正式报告：

　　张、李军阀的混战，使军阀势力在广州动摇。广州所遗两团（教导团、警卫团），教导团一千余枪完全受我们的指导，警卫团团长是我们的，至少可以使该团不致反对我们，这种时机是很难得的。在工人一方面夺取政权的要求非常之切，因为李、张无论那个来都将严重

广州起义前奏

压迫广州工人，所以省委与德毛子（即钮曼——引者）决定广州暴动。我们的力量：教导团一团，警卫队已有二千五百，可望扩充至三千以上。警卫团两营是旧的无同志，一营是我们的，惜枪不足，但可用团长的地位帮助解决那两营，那两营将就地分散。……

"这种时机是很难得的"，张太雷等人的迫切心情溢满字里行间，他们要求纽曼立即发电报给莫斯科，十万火急！

远在莫斯科的斯大林等人正在参加联共（布）第十五次代表大会（12月2日—19日），刚从中国赶回的罗米纳兹作了关于中国问题的讲话。大会前党内反对派托洛茨基等人以追究中国大革命失败责任为由，尖锐抨击斯大林等人对华方针政策。这次大会正是要解决党内反对派的问题，广州起义再次成为斯大林与托洛茨基激烈争论的焦点。

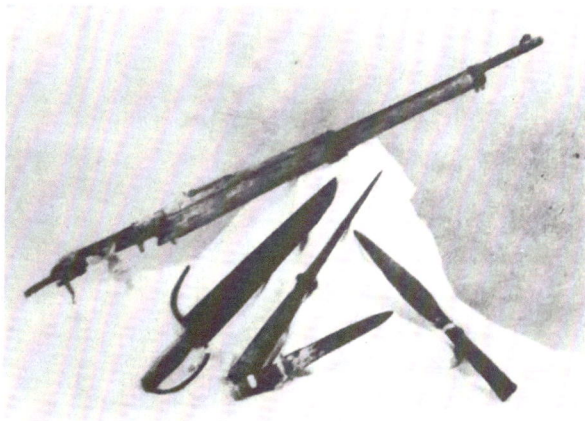

广州起义时，教导团和工人赤卫队使用过的武器

斯大林的办公桌上放着纽曼的紧急电报：再次强调广州城内的经济危机引起广大民众的不满情绪——类似十月革命前夜的形势，他乐观地评估广州市内敌我力量对比，"广州本地唯一有组织的敌人是警察"。并汇报了起义的具体计划：黎明时首先由教导团和赤卫军占领警察总局，然后占领其他战略据点和机关，同时举行总罢工，选举代表苏维埃，用缴获来的武器进行武装，颁布法令等等。到时农民从郊外冲进城来，"占领广州的希望是很大的，但要守住是非常困难的。但我们想，利用军阀之间的斗争，工人（发动）的规模，解除士兵的武装和农民暴动，是能够对付的"。最后，纽曼很有把握地说："我认为暴动时机已完全成熟，拖延会给力量对比带来不利变化"。他还顺便告状："这里的领事馆实行的是同张发奎进行谈判和不举行起义的腐朽的惊慌失措的方针。"

紧接着，办公桌上又出现一封纽曼紧急电报："如果我们收不到对今天这份电报的答复，我们就于星期一（12月12日——引者）清晨发动。"斯大林看完电报后，拿起笔写下批示［征询联共（布）中央政治局委员意见］："鉴于群众中存在一定的情绪和当地比较有利的形势，不反对你们的意见，建议行动要有信心要坚决。"

纽曼发出紧急电报的第二天（12月10日），张太雷已得知一个惊人消息：存放起义军火的秘密地点暴露了。

筹划军火一事由广东省委军委聂荣臻等人负责。起义用的手榴弹是在乡下手工做的，然后混在米袋里，偷运到城里小北直街大安米店秘密存放，这是借鉴以前同盟会采取的方式。但是具体操办的人员缺乏经验，考虑不周，运粮车被敌人岗哨察觉，顺藤摸瓜，找到大安米店，老板供出实情。张发奎等人接到报告后，又气又急，破口大骂。

事发前，汪精卫等人联名密电张发奎、陈公博，严令"清共"：有纵容共党者严惩，"勿稍存宽恕"；"严拿匿迹苏俄领事署内之共党，如苏俄领事有包庇情事，应即勒令出境"；派兵"合剿"海丰、陆丰、五华、紫金、惠来之苏维埃。汪精卫还说黄琪翔"容共"，应令其暂时退养。

恼羞成怒的张发奎等人立即下令广州全市特别戒严，查户口，闹得鸡飞狗跳，同时急电命令西江前线主力部队赶回广州。《广州民国日报》（1927年12月7日）已刊登《严防共党余孽之缜密》消息，公开点名恽代英、黄平等共产党人，"现在香港湾仔居住，连日来往九龙之间，有所活动。政府当局对于此事，极为注意"。

箭在弦上，一触即发，张太雷等人果断下令提前起义。当天晚上，张太雷等人召开第四军教导团、警卫团骨干会议，宣布立即发动起义，还确定了起义部队的标志、行动口令、各联队进攻的目标，以及起义时对团内敌人所采取的措施等等。同时，周文雍在广州西关党的秘密机关召开工人赤卫队各级干部会议，部署当晚起义各项工作。

在永汉路（今北京路）禺山市场陈少泉杂货店二楼里，借助暗黄的灯光，张太雷摊开地图仔细察看，不时和周围的人讨论问题，其中有起义军事总指挥叶挺。几个月前南昌起义军南下到汕头时，叶挺听过张太雷的一次讲话，知道八七会议确定的土地革命和武装斗争新方针，深受鼓舞。南昌起义军失败后，叶挺与聂荣臻、杨石魂护送病重的周恩来去香港治疗。安顿后，叶挺搭船到澳门，回家探亲。张太雷和黄平考虑到叶挺被蒋介石通缉，为了安全起见，决定起义前才通知他赶来广州。叶挺见到前来车站迎接的杨殷、周文雍，急忙询问起义事情，随后又找到起义军参谋长徐光英，才知道起义行动方案。

起义军事副总指挥叶剑英正式就任前是第四军参谋长，对于保存和扩充教导团、警卫团的实力作出重要贡献，享有很高威信。但是他刚入党，并不知道提前起义一事，也未参与制定起义军事方案。

由于起义过于仓促，许多工作来不及部署和实施，但是，大家必胜的信念压倒一切。

第十一章

『向前去，迎接黎明……』

1927年12月11日凌晨，第四军教导团驻地北较场四标营传出枪声，代理团长朱勉芳等反动军官被处决，四五十名反动官兵被抓起来。张太雷等人任命李云鹏为教导团团长，叶镛、赵希杰、饶寿柏分别为第一、二、三营营长。起义官兵全体系上红领带，拿起武器，牢记口令"暴动""夺取政权"。

2时许，教导团起义官兵在团部前面操场集合，全团分为东西两边对向站队。张太雷系着红领带，一身戎装，与叶挺、徐光英、周文雍等人走出团部，进入队伍夹道中间。面对神情严肃的起义官兵，张太雷激动地作战前动员："今天夜里，我们要在广州举行暴动，要打倒国民党反动派，解除反动分子在广州的武装，成立广州苏维埃政府。你们教导团是暴动的主力，你们要勇敢战斗。"接着恽代英讲话，说老团长叶剑英不能前来，鼓励大家勇敢作战，取得暴动胜利，最后介绍叶挺。叶挺立即下达作战命令："按照昨天军官会议分配的任务执行，现在出发！"

按照预定计划，四标营升起三颗红色信号弹，划亮夜空，各部队总攻击开始！

教导团分三路出发，北路由第三营攻打省长公署和观音山（越秀山）。东路由叶挺、李云鹏率领第二营和炮兵连直奔沙河燕塘，中途收缴一个公安分署的枪。炮兵连连长走在前面侦察敌情，接近炮兵团部门卫时遭到卫兵抵抗，他的枪子弹卡住，不幸牺牲。叶挺、李云鹏下令包围，进行攻击，缴获了一批威力很大的山炮，继而发挥了重要作用。

中路由叶镛率领第一营进攻东较场、广九车站和市公安局。东较场薛岳的新编第一师司令部距离四标营只有十几分钟路程。"砰砰——"起义军的枪声划破了沉寂的夜空，营房内的敌人还在鼾睡，突然被枪声惊醒，惊慌失措，纷纷逃窜。司令部值班室的电话铃声响了，第四军司令部值班室打过来，询问是怎么一回事。起义军人员称是已派人去查。不一会儿电话铃声又响了，这回是革命军事委员会打来的，询问这里的军事行动是否结束。"已经完成任务！"起义军人员兴奋地报告。不一会儿，开来几辆大汽车，跳下许多工人赤卫队员，运走迫击炮、重机关枪和上千支步枪、大批子弹，这是广州起义缴获的第一批军械，大部分赤卫队员还是赤手空拳，正等着武器呢。

市公安局邻近保安大队部，平时仗势欺人的警察多次镇压工人运动，四处抓捕共产党人，这次成为工人赤卫队第一联队和敢死队的首要攻击目标。公安局长朱晖日嘶声竭力指挥部下，在铁甲车掩护下进行反扑。起义军以强大的火力压住敌人，炸毁了敌人的铁甲车，砸开铁门，冲进大院。守敌在大楼上负隅顽抗，起义军立即消灭底层敌人，奋勇冲进大楼，迫使敌人举枪投降。朱晖日爬越围墙逃跑，保安大队长李作明被击毙。起义军民砸开公安局牢房，释放了数百名共产党员和群众，其中有百余名黄埔军校学生，他们被关押了半年多，身体虚弱，脸色苍白，头发很长。获救后，他们主动组织起来，要求指挥部给予战斗任务。

警卫团团部在长堤二马路八旗会馆处决了参谋长唐继元等反动军官后，在革命群众大力支持下，警卫团第三营攻占驻文德路的第十二师后方留守处，控制市中心一带。第一营长公开反对起义，团长梁秉枢前往解除其武装，被敌兵击伤。第三营进攻驻肇庆会馆的第四军司令部以及文德路仰忠街的第四军军械库，遭到敌人抵抗，一起战斗的省港罢工工人及赤卫队员伤亡众多。

夜幕下的广州全城一片火光，战斗激烈，枪声此起彼伏。黄埔军校特务营宣布起义，立即投入战斗。

各处集中待命的几千名工人赤卫队员听到起义信号后纷纷出击，南海、花县农民武装协助作战，苏联、朝鲜、越南的部分革命者也参加了起义。不过也有许多宣传、组织工作准备不足之处，工人赤卫队负责人去召集赤卫队员，宣布即将进行起义时，有的拉人力车的工人说："还没干完活呢！"甚至"有的党员还不知道马上暴动的决定"。

天还未亮，珠江北岸市区枪声逐渐减少，各处传来的消息令人兴奋，大部分完成预定任务，只剩下第四军军部、中央银行、军械库等少数敌军据点。但是，起义军并未去抓捕广州军政要人，张发奎、黄琪翔、陈公博等人先后逃到珠江南岸的第五军军部，与军长李福林策划调兵镇压起义。珠江上列强军舰的大炮随时准备脱去炮衣，对准北岸起义军的重要据点。

攻下市公安局后，张太雷、叶挺、恽代英等把总指挥部迁移到原公安局长朱晖日的办公室，办公桌上放了好几部电话，墙上挂着几幅大比例的广州市地图。叶剑英见到叶挺，轻轻地打了一拳，用广东话说："老兄，这样重大的事情为什么不通知我呀。"叶挺抬头看看，没有吭声，埋头在地图上标明哪些地方已经占领，哪些地方正在激战，聂荣臻、黄锦辉等在一旁协助指挥战斗。

张太雷、恽代英等人着手成立广州苏维埃政府，清晨6时宣布成立。领导成员有：主席苏兆征（未到任前由张太雷代理），内务兼外交委员黄平，肃反委员杨殷，土地委员彭湃（未到任前由赵自选代理），劳动委员周文雍，司法委员陈郁，经济委员何来，海陆军委员张太雷，秘书长恽代英，工农红军总司令叶挺，工农红军总参谋长徐光英。苏维埃政府还设立财政处、秘书处和红军编导处，以及粮食队、救伤队、宣传队、交通队和运输队，基本仿照俄国十月革命胜利后的苏维埃政府机构。但是，这些机构仓促成立，并未发挥应有作用，甚至苏维埃政府大印也是第二天才刻好。市公安局附近旧省长公署设立工人赤卫队总部，学宫街渭滨书院为广州工

"向前去，迎接黎明……"

左：广州苏维埃人民军事委员会印
中：广州苏维埃政府主席印
右：广州工农红军总指挥印

代会办公地，明星戏院则为广州市委办公之处。

上午7时，天大亮，广州苏维埃政府和工农兵执行委员代表第一次联席会议召开。会场里挂上马克思、列宁像，中间是由几十张桌子拼成的特大会议桌，铺上大红布，四周摆着藤椅。周文雍找来一块红布，饱蘸浓墨，写上"广州苏维埃政府"一尺见方的大字，挂在公安局门口铁栅顶上。张太雷走进会场，穿着草黄色亚丝绒军装，腰系开岔皮带，打了绑腿，脚上是咖啡色皮鞋。恽代英还是穿着蓝布长衫，戴着深度眼镜，埋头做记录。叶挺坐在恽代英对面，穿一套黑色西装，系着一黑红色条纹领带。杨殷和周文雍身着蓝色工装，紧邻的陈郁穿着米色法兰绒唐装，其他人散坐四周。

"同志们，广州的工人阶级要站起来革命，夺取政权，成立了苏维埃政府。这可是受了光辉的俄国十月革命的影响。"主持会议的张太雷激动地说："今天正好起来，挣脱身上的枷锁，打断手脚上的镣铐，扬眉吐气，抬头做人，

北京《晨报》报道广州苏维埃政府成立（左）和苏维埃政府职员名（右）

新社会的主人！"他的讲话博得全场热烈掌声。会议通过了"一切政权属于工人农民兵士""工人八小时工制"等10项决议。

一切一切一切工农同志们：

在十二月十日夜至十一日广州无产阶级已经夺取了政权。一切政权都拿在工农兵的手里。……同志们！你们的胜利在革命历史上是伟大的，在世界革命的关系上，是很重要的，很值得赞美的。在中国是第一次，在亚细亚洲也是第一次。……你们的胜利，对于帝国主义是很大的打击。你们的胜利，为世界革命，为你们的领袖第三国际是很有意义的。……

这是张太雷起草的《广州苏维埃政府宣言》，落款为"广州苏维埃政府主席苏兆征、人民军事委员张太雷、人民内务委员黄平、工农红军总司令叶挺"。这拟为第一张布告，骄傲地向全世界大声宣布"第一次"的光辉篇章，处处洋溢着创造历史的自豪感。

发动起义的同时，张太雷等人以广东省委名义写报告给中央，分析敌我力量等因素之后，表示广州苏维埃政权无论维持多久，"甚至三天或一星期，我们都要去做"。此誓言掷地有声，同时强烈要求中央给予迅速而详细的指导，委派周恩来前来指导最近工作。张太雷等人已经意识到起义后将面临严峻考验，而且他们都没有领导城市武装起义的实践经验。周恩来不仅是上海工人第三次武装起义、南昌起义的重要指挥者之一，而且对广东地区武装斗争情况十分了解。也许他的到来会带来很大的改观，能大为减轻张太雷等人的压力。但是，历史从来没有"如果"二字。

工人、农民、兵士同志们！我们在广州有伟大的胜利，但我们的工作尚未完成，而且到处还有很大的危险，我们应该用我们最后一点的热血，保障广州苏维埃的政权……

"最后一点的热血……"表达了张太雷等人誓死捍卫苏维埃新政权的大无畏精神，也充满了血战到底的悲壮之情。遗憾的是该宣言原定为在西关印刷，但西关尚被敌人占据，好不容易印了几百份，还不是大字，而是《向导》周报标题的二号字，并不醒目，因此该宣言包括其中公布新政府的10项决议，并未引起广州广大市民的重视。

张太雷等人还发布其他文件《广州苏维埃政府告民众》等，编印《红旗》日报，出版《红旗》号外，公布广州新政权的成员名单，要求逮捕一切反革命军官，没收大资本家、大地主的一切财产等。中共广东省委、青年团省委分别发表通告，宣布起义胜利，号召群众继续斗争，选举代表参加苏维埃政府。

"好，好！太好了！革命正需要自己的医生。"张太雷一把抓住贺诚（国民革命军第四军医务处主任）的手，紧紧握住说："赶快组织抢救队伍，不能让自己的同志在那儿白白流血！"贺诚出生于中医骨科世家，说着一口四川话，就读北京医大时参加共产党。叶挺从地图上移开眼光，抬起头，用红铅笔敲着桌子说："还有陆军医院，设法争取过来，赶快抢救伤员！"聂荣臻详细地介绍了战斗地点及组织抢救措施和要求。"是！"贺诚敬个礼。回到医务处，立即分配人员到各家医院去。

看见受伤的警卫团团长梁秉枢，张太雷、叶挺关切地问起伤势，立即派人送去医院。受张太雷的指示，教导团长李云鹏派人到临时医院去慰问伤员，布置专人负责登记伤亡人员及其事迹，落实苏维埃政府抚恤政策。

街上出现宣传队员的活跃身影，散发《红旗》号外等，张贴传单："工人要饭食，农民要田耕，大家要太平，谁给与我们，唯有工农兵苏维埃。"他们在墙上书写大标语，涨红脸大声演讲，吸引了许多市民。不时有大卡车疾驶而过，上面站着系着红领带的赤卫队员，主要的街道上还有一些起义军战士巡逻警戒，维持秩序。

公安局大院里很热闹，车辆和人们进进出出，各处缴获的大量武器不断运进来，还有许多俘虏。"发枪喽——"群众从四面八方涌进来，大部分是自发前来，有些主动加入战斗，但还有许多人不会打枪，没有被组织起来。大院里的秩序一时比较乱，黄平帮着发放枪支，事后他很后悔，应该去干一个革命委员的重要事情。

"你去负责教育被俘的官兵，准备改编他们，加入我们的队伍。"张太雷向广东省委军委成员曾干庭交代一番。曾干庭明白此事很有现实意义，积极奔走在燕塘、北较场、省公署、公安局对面各处，集合俘虏进行宣讲，颇有成效。

张太雷要考虑的事情太多了，脑子一直处于亢奋状态，想坐下来整理一下思路，但是又有人来叫他去商量重要事情。其他人也是一天一夜没有合眼，都没有吃饭，好不容易刚吃上几口，外面传来了激烈枪声，敌人进行反扑，已占领观音山制高点。

午后，原定在第一公园召集的广东工农苏维埃政府大会只能改期举行，张太雷等人下令夺回观音山。观音山（现为越秀公园）仅高70余米，冈峦起伏，与白云山相接，一直是敌我争夺的战略要地。叶剑英把教导团炮兵连长田时彦叫到总指挥部，交代两个任务：一是到观音山去解决敌军一个连（警卫团第二连叛变）；二是解决敌军后，再到观音山上架炮，炮轰长堤第四军军部。夺回观音山后，田时彦下令开炮，敌人顿时慌乱一团，向江边逃窜。

张太雷等人还未喘口气，天字码头一带又传来炮声，停泊在珠江的列强军舰悍然开炮，日本陆战队以保护日侨为由，强行登陆。叶挺、叶剑英下令炮兵还击，赤卫队员奋勇杀敌，伤亡很大，倒在血泊中。夕阳下，枪炮声大作，硝烟弥漫，长堤一带笼罩在一片战火之中。

夜幕降临，双方火力减弱，枪声逐渐稀疏。张太雷等人接到前方紧急情报，各路敌军援兵正向广州靠拢，呈现包围之状。反动的广东机器总工会亦组织敢死队，在市内各处袭击起义军，不时响起零星枪声。事态发展之严重远远超出了预定的设想，必须尽快拿出军事行动方案来紧急部署。

子夜时分，军事会议在公安局二楼总指挥部里召开，每个人都神色凝重地盯着地图。叶挺在会上分析了形势，说明敌人反扑的兵力太多，敌众我寡，不宜坚守，主张起义军撤出广州，转入海陆丰。聂荣臻赞成，认为必须避开敌人锋芒，转到乡村，保存实力。

"这是逃跑主义，我坚决反对，起义军只有进攻，才能保卫苏维埃！"纽曼说了一大通，铁青着脸，严厉教训叶挺，指责他的主张是想去"当土匪"。叶挺从纽曼激动的表情上猜出了大概，再也不发表意见了。张太雷沉着脸，犹豫一下，劝说叶挺几句，回过头与纽曼商量。但是纽曼火气更大了，瞪圆了眼睛，激动地挺直腰杆，好像他一个人就能保卫整个广州苏维埃。纽曼明知敌强我弱，守城极为困难，但是强大的政治因素压倒随机应变的军事行动，甚至要求不惜一切代价坚决保卫"第一次"的成果，迫使张太雷等人承担巨大的心理压力。

会议最终没有采纳叶挺的撤退正确主张，决定次日作

广州起义纪念馆

战部署，先肃清长堤敌军，然后进攻珠江南岸的第五军。当晚口令已改为"赤化"和"土地革命"，并决定次日中午在丰宁路西瓜园举行拥护苏维埃群众大会，张太雷等人前去参加。

广州起义坚持了整整24小时。天蒙蒙亮，激战前的宁静令人很不安。教导团团长李云鹏收到口令"肃清""巩固广州"。这必定会引起敌人疯狂的反扑，"巩固新政权"的誓言意味着付出更多鲜血的沉重代价。

低沉的枪炮声从江边传来，珠江上出现"江大""宝璧"两艘军舰，掩护李福林的第五军两个团渡江，分两路进攻东堤和西濠口。起义军和赤卫队员英勇抗击，浴血奋战。

> 本苏维埃代表广州全体的工人、农民、兵士，极诚恳的致哀于昨日为夺取政权而死难的烈士！他们都是工人、农民、兵士革命的先锋，他们的牺牲是革命的巨大的损失。广州全体的工人、农民、兵士，只有以极大的努力，继续死难烈士之志愿，为保护广州苏维埃，扫荡军阀豪绅地主资本家的势力而奋斗，以补救这样的损失。

经历了昨天惨烈的战斗，张太雷等人接连发布通告和宣言，鼓舞大家的斗志。叶挺不时下达命令，调兵遣将，阻击反扑的敌人。

广州沙面各国驻粤领事团举行会议，决定调遣英兵2000

张太雷在四标营主持教导团誓师起义（油画）

人、法兵400人、日兵300人驻守沙面，由英舰"摩轩号""莫丽翁号"，美舰"沙克明号"和日舰"宇治号"，掩护李福林第五军渡江。

韶关的敌军增援部队赶到，猛扑城北制高点观音山。少数赤卫队员坚守不住，撤退到山下第一公园一带，继续抗击。一股敌军绕道到吉祥路，迫近公安局起义指挥部。叶挺、叶剑英等人临危不惧，立即组织人员参加战斗，把米袋当作沙袋，垒起作为工事。朝鲜籍机枪手曾在黄埔军校学习，非常勇敢，与聂荣臻配合，猛烈射击。附近省长公署（赤卫队总部）百余名赤卫队员也参加战斗，敌人抵挡不住，只好退却。

同时，叶挺、叶剑英命令教导团团长立即带领部队夺回观音山。炮兵轰击山上敌军，打倒了青天白日旗帜，敌军重机关枪哑火了，敌团长受伤。这时教导团发起冲锋，与敌人展开肉搏战，一举击溃敌军。敌军后续部队赶来了，连续发起进攻，起义军居高临下，一次又一次打退敌人进攻，步枪、机关枪、手榴弹的声音混杂在一起，水冷式重机枪都打得水沸腾冒烟了，弹药的硝磺味令人窒息。

四周敌人继续疯狂地进攻，枪炮声此起彼伏，响个不停。徐向前指挥赤卫队员，加紧运输缴获的武器弹药，保证前线需求。在枪林弹雨中，时而出现女学生、工人的身影，他们奋勇抢救伤病员。在四面抗击的前线阵地上涌现出大量的英勇事迹，一人倒下，又有人顶上，拿起沾满鲜血的枪，瞄

张太雷在丰宁路西瓜园主持召开广东工农拥护苏维埃政府大会并发表演说（油画）

准敌人，扣动扳机。

接近中午，枪声没有停止，张太雷与黄平按照原定计划，坐车前往丰宁路西瓜园参加广东工农拥护苏维埃政府大会。

丰宁路西瓜园（即现人民中路322号），据说清道光年间这里还是一片西瓜田。此后城墙一拆，修筑马路，很快发展为城市中心区域。西瓜园曾是广州基督教女青年会驻地，室外有一片很大的空场地。张太雷对这里比较熟悉，曾多次来这里参加各界群众集会，耳边回荡着如火如荼的大革命口号声。如今这里失去往日市区热闹的景象，家家户户紧闭窗门，街上空荡荡。

西瓜园空场地的会场布置简单，主席台是用竹子和木板临时搭起来的讲台，摆放着一张白木桌子，以及十几张椅子和长凳，正面悬挂着马克思、列宁的画像，撑起红布黑字的横额"广东工农兵拥护苏维埃政府大会"，墙上贴着标语"打倒帝国主义！""工农兵起来拥护苏维埃政府！""赤色恐怖消灭白色恐怖！"这是赤卫队员梁国志等人按照周文雍的命令匆忙布置的。陆续进来各界群众，挥动着形形色色的旗帜，秩序井然。其中著名的朝鲜族革命活动家金奎光、崔庸健（以后曾任朝鲜民主主义人民共和国副主席）等朝鲜革命志士，其所在的起义部队担任会场警戒任务。

张太雷一身军服，斜佩武装带，腰间一个手枪皮套，露出枪把。他看看手表，站起身，挥动手臂，全场安静下来，"同志们，广州一切政权属于工农兵，敌人要想消灭我们，大家答应吗？"他指出，十月革命以来，全世界的工农斗争很快地开展，帝国主义阵营四分五裂。工农大众深受帝国主义、反动派和封建地主的压迫剥削，痛苦不堪，所以要起来革命。他大声宣布："广州苏维埃政府成立了！""誓死保卫苏维埃！"全场顿时爆发出惊天动地的呼喊声。张太雷越说声调越高，眼镜后闪动着坚定的目光。随后，其他人也作了演说，会场里洋溢着革命激情，暂且忘却了四周的枪炮声。

大会通过广州苏维埃政府委员名单、政纲以及致共产国际电文，张太雷与主席台上的战友们互相握手，以示庆贺。散会后，偌大的西瓜园仍然洋溢着激昂的革命气氛，许多农军纷纷前来集中，组成敢死队，大家抱定为苏维埃而生、为苏维埃而死的决心，奔赴前线。

各处军情危机，敌人大举进攻。在列强军舰掩护下，珠江南岸的敌人再次强渡珠江，从东郊猎德进攻大北门。另一路从韶关沿粤汉铁路南下的敌军，联合驻西村薛岳新一师，攻占观音山，分兵直扑起义总指挥部。

张太雷闻讯敌人进攻，与纽曼乘车赴大北门指挥战斗。古老的大北门城楼年久失修，几年前已拆除，只留下颓垣残壁，人们还习惯称那里为大北门（现为"大北立交"之处）。那里的大北直街（今解放北路），明清时已是广州城的南北主干道，中段被称为四牌楼，其内街北段盘福路以南称大北直街，盘福路以北为城外小路。明末一位投笔从戎的义士陈邦彦血战抗清宁死不降，在四牌楼慷慨就义，留下"裹尸马革英雄事，纵死终令汗竹香"的动人故事。

张太雷的车子驶上大北直街，狭窄路两旁的商铺和民居鳞次栉比，破旧门窗紧闭，枪声越来越清晰，张太雷似乎已闻到呛人的硝烟。

"向前去，迎接黎明，同志们，去斗争！……"这首著名的苏俄歌曲，张太雷曾和莫斯科东方大学中国班的学员们一起高唱，充满了无限的青春活力，在阳光下激情飞扬；红色之路连接起国内的哈尔滨、天津、北京、上海、武汉、广州……都留下他的革命足迹。他，29岁，风华正茂，中国革命道路漫长，艰难曲折，还有许多新的挑战等着他去应对。车

ДЖАН ТА-ЛАЙ.

Зам. предсовнаркома и наркомвоенмор кантонского советского правительства, убитый контрреволюционными бандами.

1928年苏联《真理报》刊登张太雷的遗像

廣州城紅旗蔽天——
蘇維埃政府正式成立
工農兵士聯合大革命
張發奎與黃琪翔僅身逃亡
市中惟有手執紅布之農工

北京《晨报》报道广州苏维埃政府正式成立的消息

子在颠簸，他站起身，朝着枪声密集的前方，"向前去，迎接黎明……"

"砰砰……"敌人一阵伏击枪声，司机、卫士倒下了，张太雷胸口好像被什么东西撞了一下，还未回过神来，接着又挨了两枪，鲜血涌出，染红了一大片。

周文雍得到噩耗后，立即通知赤卫队运回张太雷的遗体，因军情急速恶化，未能如愿举行隆重的追悼会。迄今为止没有找到有关资料和线索，张太雷遗体最终埋葬在何处无人知晓。

张太雷牺牲后，为了保存实力，起义总指挥部决定撤出广州，分头向起义队伍下达撤退命令。

撤退的起义军分别向东江、北江转移，一部分改编为工农红军第四师，创建东江革命根据地；一部分突破敌军重重封锁，与朱德、陈毅率领的部队会合，以后上了井冈山。还有一批起义者到了香港，由广东省委派到广西，参加百色起义和龙州起义。

12月13日下午，反动派重新占领广州，进行了疯狂的大屠杀，血流成河，被杀害的起义战士和市民多达5700余人。

上海，夜深人静，海关钟声敲响了，瞿秋白并不知道张太雷已经牺牲，还在奋笔疾书，撰写《伟大的广州工农兵暴动!》，指出"这种大城市的政权形式之建立，在中国革命历史上是从来没有的。从此苏维埃将为全国暴动之政权的模范……"并下发《中央通告第二十三号——广州暴动形势下党的任务》。经证实自己的入党介绍人张太雷牺牲之后，瞿秋白悲痛地接连写下《悼广州死难的五千七百工农兵士》《悼张太雷同志》等文，高度评价张太雷的光辉一生：

> 张太雷同志死在几万暴动的广州工农兵群众与反革命军阀搏战之中，死在领导工农兵暴动的时候。他死时，觉着对于中国工农民众的努力和负责；他死时，还是希望自己的鲜血，将要是中国苏维埃革命胜利之渊泉！

广州起义失败消息传到莫斯科时，正在召开联共（布）第十五次代表大会，引起一场轩然大波。各方激烈争论，一直持续到1928年夏秋之交的共产国际六大。其争论焦点是：广州起义是否盲动，起义失败原因，以及中国形势等问题。陈独秀也对广州起义提出自己的意见，瞿秋白等人作了答复。

1928年中共六大召开之前，6月9日，斯大林会见瞿秋白、周恩来、苏兆征、李立三、向忠发等中共领导人，明确指出"广州暴动是革命临时退后的一个动作"，即"退兵战"。瞿秋白等人起草中共六大政治决议案以此为基调，指出南昌起义、秋收起义和广州起义，"决非盲动主义的政策"，广州起义是革命退却时的"退兵战"；并赞成共产国际执委第九次会议指出的广州起义具有世界革命历史意义，"是必要的、英勇的尝试，是为保持革命胜利的斗争，是使革命深入，直接创造苏维埃政权的斗争"。中共六大正式决定广州暴动日（12月11日）为一个固定的纪念日，号召广大劳动群众永远纪念它。

1935年春，瞿秋白南下突围时不幸被捕，被囚禁于福建长汀监狱，他拟就系列写作标题中有"忆太雷"，但是还来不及撰写，6月18日，他唱着《国际歌》走向刑场，英勇就义。

1938年《共产国际》月刊（英文版）刊登N.弗金（曾是共产国际驻华工作人员）撰写的《纪念广州起义的组织者张太雷同志》一文：

> 张太雷同志被杀害了。广州，这个中国革命的摇篮，也成了这位年轻革命家的安息之处。……革命失败了。张太雷同志和千百万无名英雄们牺牲了，他们为中国的工人和农民指明了解放的道路。光荣属于广州的英雄们。中国革命最伟大的战士张太雷同志永垂不朽！

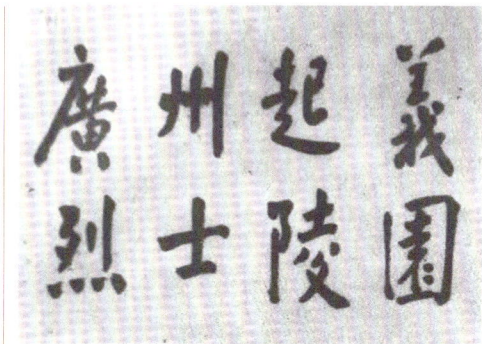

周恩来题字"广州起义烈士陵园"

　　震惊中外的广州起义失败了，但22年后，红旗终于飘扬于广州城，张太雷昔日的战友聚集在珠江两岸，高高地挥动红旗，雀跃欢呼："我们胜利啦！"终于实现了无数革命志士浴血奋战的伟大目标，开创了一个光辉新时代。

　　张太雷烈士，安息吧！